Y를 알면
영어의
답이 보인다!

체계적이고 기능적이며 상식적인 영어

Y를 알면 영어의 답이 보인다!

발행일	2019년 11월 8일		
지은이	신숙희		
펴낸이	손형국		
펴낸곳	(주)북랩		
편집인	선일영	편집	오경진, 강대건, 최예은, 최승헌, 김경무
디자인	이현수, 김민하, 한수희, 김윤주, 허지혜	제작	박기성, 황동현, 구성우, 장홍석
마케팅	김회란, 박진관, 조하라, 장은별		
출판등록	2004. 12. 1(제2012-000051호)		
주소	서울시 금천구 가산디지털 1로 168, 우림라이온스밸리 B동 B113, 114호		
홈페이지	www.book.co.kr		
전화번호	(02)2026-5777	팩스	(02)2026-5747

ISBN	979-11-6299-912-7 03740 (종이책)	979-11-6299-913-4 05740 (전자책)

이 도서의 국립중앙도서관 출판예정도서목록(CIP)은 서지정보유통지원시스템 홈페이지(http://seoji.nl.go.kr)와
국가자료공동목록시스템(http://www.nl.go.kr/kolisnet)에서 이용하실 수 있습니다.
(CIP제어번호: 2019045065)

(주)북랩 성공출판의 파트너

북랩 홈페이지와 패밀리 사이트에서 다양한 출판 솔루션을 만나 보세요!

홈페이지 book.co.kr • **블로그** blog.naver.com/essaybook • **출판문의** book@book.co.kr

Y로 끝나는 200단어로 현지 생생 회화 마스터하기

Y를 알면 영어의 답이 보인다!

신숙희 지음

영어 교육에 관한 가장 독창적인 최신 이론인
시드니대학교 학자들의 '평가 이론'을 바탕으로
신숙희 박사가 세계 최초로 정립한 영어 회화의 새로운 혁명!

북랩 **book** Lab

CONTENTS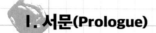

III. 'Y'로 끝나는 다른 표현들(Other expressions with 'Y')

IV. 'Y' 표현의 이론적 배경(Theory of 'Y' Evaluations)

V. 후문(Epilogue)

서문
(Prologue)

1. 'Y'로 끝나는 현지 영어 테스트

먼저 'Y'로 끝나는 생생 현지 영어 표현을 얼마나 많이 알고 자주 쓰는지 다음의 박스에 있는 표현을 시험 삼아 체크해 보세요.

만약 17개 중에서 모르는 표현이 10개 이상 있다면 이 책을 구입해서 공부하면 많은 도움이 될 것입니다. 정답 한글 번역은 책의 맨 뒤에 있습니다.

	Column 1 자주 쓰는 편이다.	Column 2 알고 있는데 쓰지 않는다.	Column 3 모른다.
She is a very **bossy** woman.			
My neighbour tends to be **snobby**. They do not like to mix with people from other backgrounds.			
My 5-year-old boy is very **fussy**. He does not eat any vegetables.			
My husband is a very **finicky** person, while I am quite **laidback**.			

Y 를 알면 영어의 답이 보인다!

He's got a **quirky** sense of humour. Not everyone finds his jokes funny.			
Children usually get very **cranky** when they are not fed.			
He is very **grumpy** today for some reason.			
She is very **stingy**. She only gave me a card for my birthday.			
He is such a **jolly** guy.			
That mechanic is pretty **dodgy**.			
She is very **nasty**. So everyone hates her.			
He looks so **geeky** with those thick glasses he wears.			
There are all these **brainy** people at university.			
She usually wears **tacky** clothes.			
When the alarm bell rings, don't get all **panicky**.			

There are some pretty **freaky** people on Oxford Street on a Saturday night.			
It is very **fiddly** to make this kind of jewellery. You need very steady hands.			
Total			

■ How many boxes did you tick in Column 1?

    1-5 (   )

    6-10 (   )

    11-15 (   )

    More than 15 (   )

Y를 알면 영어의 답이 보인다!

2. 집필 동기(Motives of writing this book)

　이 책은 영어 한마디 못하던 제가 호주대학에서 영어 쓰기를 가르치는 교수가 되고 또 영작 분야에서 세계적인 학자가 되기까지 30년에 걸쳐서 배운 영어 표현의 비밀을 이 책 하나로 다 마스터할 수 있게 하고자 쓴 책입니다(저자에 대한 더 상세한 정보는 www.susanshin.wordpress.com을 참고하세요. 그리고 2017년 2월 부산 KBS 〈아침마당〉에 소개된 저의 방송이나 2016년 1월에 발표한 『오지에 핀 들꽃이 되어』 책 소개에서 찾아보는 것도 좋습니다).

　저는 시드니에서 차로 두 시간 정도 떨어진 곳에 있는 울런공이라는 작은 시골에 살면서 호주인들이 늘 사용하는 영어를 바로 접할 수 있었습니다. 25년 넘게 영어를 배우면서 제가 느낀 것은 현지인들은 긴 영어 표현을 싫어하여 명사나 동사 끝을 'Y'로 줄여서(abbreviation) 쓰기를 즐겨한다는 것이었습니다(cranky, fussy, quirky, bossy, freaky 등). 이런 표현들은 다 사람의 감정을 표현하거나 행동 및 사물을 부정적, 긍정적으로 평가하기 위해서 쓰는 표현입니다. 더욱이 현지인들은 명사도 주로 Y로 줄여 쓰기를 좋아합니다. 예를 들어 breakfast/breaky, Televison/Telly, Barbeque/barby 등이 그렇습니다.

　이런 표현들은 한국에서 영어를 배워온 저에게는 모두 생소한 표현이었습니다. 그래서 그런 표현을 모아 왔는데 이후 시드니 대학에서 영어 교육학(TESOL)으로 박사학위 공부를 하면서 체계 기능 언어(Systemic Functional Linguistics) 이론에서 발전된 평가 이론(Appraisal theory)을 세계 최초로 영작 쓰기에 적용하게 되었습니다. 그 뒤로 평가 이론의 이론적 프레임에 근거하여 이 책을 만들었습니다. 동양인들은 서양인들에 비해서 자신의 감정을 표현하고 평가하는 데 약하다는 지적이 많습니다. 이 책을 마스터하면 간단한 표현으로 마치 현지인처럼 말하거나 현지인이 하는 일상 회화를 재빨리 배울 수 있습니다. 약속합니다. 이제 무조건 배우고 가르치는 영어가 아니라 여러분들에게 영어를 배우는 것이 정말 이치에 맞고, 논리적임을 깨닫게 해 줄 것입니다.

Y를 알면 영어의 답이 보인다!

3. 이 책의 특징(Characteristics of the book)

　이 회화책은 기존의 회화책과 다음과 같은 부분에서 명백하게 차별화됩니다.

첫째, 이 책은 'Y'로만 끝나는 200개 정도의 표현만을 모았습니다. 이 표현들의 공통점은 모두 삶이나 사물을 긍정적·부정적으로 평가하거나 감정이나 느낌을 나타내는 표현, 즉 '평가 (Evaluation)'에 관한 표현들이라는 점입니다(e.g. cranky, fussy, snobby, finicky, etc). 'Y'로 끝나는 표현은 현지인이 일상생활에서 가장 많이 쓰는 표현으로써, 한국인이 영어를 학교에서 배워도 거의 잘 모르는 대화체입니다(This book collates evaluative language that ends in/with 'Y'. These collections of evaluative expressions are often used by native English speakers in everyday life situations but not well known to non-native speakers).

둘째, 한국인이 쓰는 영어와 현지인이 쓰는 영어는 뭔가가 다릅니다. 이 책은 바로 그 차이(갭)를 꼭 짚어서 알려 줍니다. 우리가 영어를 배워도 대화가 잘 안 되는 부분을 고쳐서 말이 잘 들리게 해 주고, 현지인처럼 말하게 해 줍니다 (This book is designed to bridge the gap between what is learned in overseas countries and what is used in English speaking countries).

셋째, 'Y'로 끝나는 평가 표현은 한글로 표현하려면 복잡하지만, 이런 표현을 알면 현지인과 일상 대화를 나누는 데 큰 도움이 됩니다. 현지인들은 무슨 표현이든지 'Y'로 줄여서 간단히 표현하는 걸 좋아합니다[This book collates expressions that end with 'Y'. During almost 25 years of living in Australia, I have noticed that Aussies (referring to Australians) tend to abbreviate words by placing Y at the end].

넷째, 이 책은 지금까지 한국 사람들이 배운 영어 학습법, 즉 '전통 문법(Traditional grammar)'이 아닌 '기능 문법(Functional grammar)'으로 문법을 저절로 배우게 하는 방식에 기초를 두었습니다. 또한, '구문론(Structure approach)'이나 '상황 중심(Situational approach)'의 영어 회화와는 전혀 다른 방법인 '체계 기능 언어(Systemic Functional Linguistics)'의 이론적 배경에서 나온 '의미론(Semantic orientation or Meaning driven-pedagogy based on Semiotic Mediation)'에 바탕을 두고 접근하였습니다. 이를 통해서 하루아침에 영어를 잘하는 방법을 가르쳐 주지는 않으나 영어를 배우는 것이 논리적임을 깨닫게 해 주고 저절로 재미있게 해 줄 것입니다[This book does not provide a quick fix but makes learning English sensible and enjoyable. This is because it employed a semantic approach within a Systemic Functional Linguistics framework as opposed to a traditional grammar or psycholinguistic approaches such as a structural approach. Under the SFL theory, meaning/function comes first and grammar comes second attached to meaning. Further, this book explains how context, meaning(semantics) and grammar(syntactic) are systematically linked to each other].

다섯째, 또한, 여기에 맞춰서 간단히 최신 영어 이론인 '평가 이론(Appraisal theory)'의 배경도 설명해 놓았습니다. 평가 이론은 할리데이(Halliday)라는 유명한 학자가 개발한 체계 기능 언어 이론에서 그의 수제자인 마틴(James Martin) 교수가 이끄는 시드니대학교 언어학과 교수들이 연구를 통해서 최근에 만들어낸 이론입니다. 이 이론은 영어 회화의 가장 최신 이론으로서 이 책으로 공부하시면 전혀 새로운 이론을 접하게 되어 소통의 본질을 언어학적으로 분석 및 이해하게 도와줍니다[All evaluative expressions are based on the rigorous framework of 'appraisal system', which has newly emerged from interpersonal meaning of the Systemic Functional Linguistics (SFL) framework].

이론을 알고 싶은 분은 4장을 보세요. 특히 영어를 가르치는 데 관심 있는 분들에게 많은 도움이 되는 영어 교수법의 이론적 배경을 간단히 설명해 놓았습니다. 이론도 배우면서 영어 표현법까지 배울 수 있습니다. 특히 4장 6편에 소개된 태도의 예에서도 많은 일상 회화를 배울 수 있을 겁니다.

Y를 알면 영어의 답이 보인다!

4. 이 책의 독자층(Intended audience)

이 책의 독자는 영어 초보자에서 영어를 가르치는 사람, 즉 영어에 관심 있어 하는 모든 사람입니다.

① 초·중등 학생: 간단한 문장으로 영어 회화를 잘 구사하게 도와줍니다.

② 대학생(EFL: English as a Foreign Language): 자신의 의사를 원주민처럼 자연스럽게 표현하도록 도와줍니다.

③ 유학을 준비하는 사람들(Those who wish to pursue their further studies in an English speaking country): 하루빨리 현지에 적응할 수 있도록 지름길을 제공합니다.

④ 유학생들(ESL: English as a Second Language): 대학 입학 허가서를 받는 시험이나 영주권을 얻는 데 필요한 말하기 시험에 도움을 줍니다.

⑤ 이민을 준비하는 사람(Those who are interested in migration): 현지에 재빠르게 적응하게 도와줍니다.

⑥ 이민자들(Migrants): 현지인과 잘 소통하게 해 줍니다.

⑦ 영어 선생님(TESOL teachers): 최신 회화 이론과 회화 교재로 사용하기에 좋습니다.

⑧ 영어 회화를 배우고 싶은 분(Any person who is keen to polish English more): 영어 회화를 배웠으나 뭔가 다른 방식으로 현지인처럼 말하고 싶은 분들의 욕구를 충족시켜 줍니다.

5. 일러두기(Notes)

① 'Y'로 끝나는 표현은 굵은 글씨(Bold)에다 이탤릭(italic)체로 표기하였습니다(예: ***Jolly***).

② 'Y'로 끝나는 표현과 비슷한 중요한 숙어들은 밑줄(underline)로 표현하였습니다(***Cranky***: <u>Chuck the temper tantrum</u>).

③ 'Y' 표현과 관련된 문법은 * 기호로 표시하여 더 연습할 수 있게 했습니다.

④ 'Y' 표현과 비슷한 표현에 연관된 중요한 표현이나 숙어를 연습할 때는 • 기호를 사용하였습니다.

Y를 알면 영어의 답이 보인다!

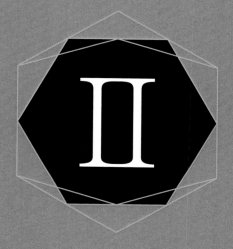

'Y' 표현의 실전
(Practice of 'Y' Evaluations)

감정을
표현하기(AFFECT)

영어를 사용하는 가장 중요한 이유 중 하나는 바로 우리의 감정이나 느낌을 긍정적으로 또는 부정적으로 표현하기 위해서입니다(To express our emotions & feelings positively or negatively). 이런 감정은 다음의 네 가지로 분류됩니다.

1. 행/불행

가장 먼저 행복/불행한 감정을 나타내는 것이 있습니다. 현지인이 이런 느낌을
표현할 때 많이 쓰는 'Y'로 끝나는 부정적인 표현을 알아봅시다.

1) 불행한 감정이나 느낌을 표현할 때

□ **Sulky**(삐지다, 샐쭉하다)

She goes *sulky* very often(그 여자는 잘 **삐져요**).

The girl does not speak to her mum when she is
sulky(그녀는 그녀의 엄마에게 **삐져서** 말을 하지 않아요).

She is in a *sulky* mood(그녀는 지금 삐져 있어요).

The dog was *sulky* because it got yelled at by his
owner(그 개는 **삐져서** 샐쭉해 있어요. 왜냐하면 주인에게 야단맞아서요).

Instead she just acted like a rather *sulky* teenager, as
her boyfriend had deserted her(그녀는 늘 **삐져 있는** 십 대처럼 행동
해요. 남자친구가 그녀를 차버렸기 때문입니다).

She looked *sulky* all morning because <u>she was told off
by her mother</u>(그녀는 아침 내내 **삐졌어요**. 왜냐하면 엄마에게 야단맞았거
든요).

'야단치다'는 'tell off', '야단맞다'는 'am told off'입니다.

- I got told off by my teacher(선생에게 야단맞다).
  비슷한 표현으로 '**Sooky**'가 있습니다.
- The girl is a *sooky* baby and cries all the time(그 여자아이는 늘 삐지고 울먹거려요).
- The girl is *sooky* and cries all the time. Leave her alone. She is having a *sook*(그 여자아이는 늘 울먹거리고 **징징 짜요**. 내버려 두세요. 그녀는 **울보예요**).

□ **Cranky**(짜증 내다)

My husband is *cranky* this morning <u>for no reason</u>(내 남편은 오늘 아침에 이유 없이 **짜증 내요**).
My husband has a <u>bad temper</u> and he *gets cranky* easily whenever I ask him to wash the dishes(내 남편은 성질이 더러워서 내가 설거지를 도와달라고 하면 쉽게 **짜증 내요**).

Depending on their mood, women often tend to feel *cranky*(여자들은 기분에 따라 **짜증 내는** 경향이 있죠).

- When babies need sleep, they begin to <u>chuck a temper</u> tantrum(아이들은 잠이 올 때 **신경질을 부리죠**).

[CF. Do not <u>chuck rubbish away</u> out of the house without considering what can be recycled(재활용할 수 있는 것을 **마구 버리지** 마세요).]

'Chuck'은 'Throw'의 일상 영어로 많이 쓰는 표현입니다.

- Do not <u>chuck away</u> the paper in the rubbish bin(그 종이를 쓰레기통에 **버리지** 마세요).
- My boss <u>chucks a temper tantrum</u> today for no reason(내 상사가 이유도 없이 오늘 **왕짜증을 부리네**).

On my return home I apologized to my wife for being so *cranky* during the party(집에 돌아오는 길에 파티에서 내가 **짜증 낸** 것에 대해서 사과했어요).

Sometimes, husbands must understand that wives who look after their children at home all day long would become *cranky*, tired and <u>irritable</u>(때때로 집에서 온종일 아이들을 보는 엄마들이 **짜증 나고** 피곤하고 신경이 곤두설 때가 있음을 남편들은 이해해야 해).

□ Grumpy(불퉁하다)

He is very *grumpy* today <u>for some reason</u>(오늘 그는 이유 없이 **불퉁해** 있네요).
He is in very <u>low spirits</u> today(아주 **저기압**이에요).

You look very *grumpy* today. What is wrong with you(너 오늘 어찌 **불만스러워** 보인다. 뭐가 잘못됐니)?

She is always a bit nervous and can get a bit *grumpy*. So she needs to be in a home without young children or cats(그녀는 항상 약간 신경이 곤두서 있고 **퉁명스러워**. 그래서 아이들이나 고양이가 없는 집에 있어야 해).

Y를 알면 영어의 답이 보인다!

My daughter gets very **grumpy** and <u>cranky</u> when her tooth aches(내 딸은 이가 아프면 굉장히 신경질적이고 **퉁명스럽게** 돼요).

He is a *grumpy* old man(그는 항상 **툴툴거리는** 노인이에요).
There are several reasons why elderly people can get *grumpy* easily(노인들이 **불퉁하게** 쉽게 화를 내는 데는 여러 이유가 있어요).

비슷한 뜻으로 'Grumbling(구시렁거리다)'이 있습니다.

- The guy is always <u>grumbling</u>(그 남자는 항상 **퉁명스러워**).
- He needs to view things positively(사물을 긍정적으로 볼 필요가 있어).
- However, there are several issues that make him feel *grumpy*(그러나 그 사람을 **퉁명스럽게** 하는 여러 가지 이슈가 있어요).

□ **Grouchy**(투덜대다)

I am sorry to be so *grouchy* today(오늘 **투덜거려서** 미안해요).

He has a bad temper and is very *grouchy* all the time(그는 성질이 나빠서 항상 **툴툴거리고** 못마땅해해요).

Most people feel *grouchy* and uncertain about life after retirement(대부분의 사람은 은퇴 후의 인생이 불안정해서 **투덜거려요**).

Weight loss doesn't have to be about starvation, fighting hunger pangs, resisting cravings, getting *grouchy*, and being <u>lethargic</u>, and suffering from headaches(체중을 줄이기 위해서 항상 굶으며, 배고프고 먹고 싶은 것을 참을 필요가 없어요. 그리고 **투덜거리며** 힘이 빠지고 두통을 겪으면서까지 할 필요는 없어요).

The child looks *grouchy* or irritable now(그 아이는 시무룩하고 **뾰로통해**).

I **grouched** to my daughter yesterday(나는 어제 내 딸에게 **툴툴거렸어**).

The teacher gets *grouchy*, as the students are not studying hard(그 선생은 **불퉁해 있어**. 학생들이 열심히 공부하지 않으니까).

□ Huffy(발끈하여 화내다)

If I don't do everything her way, she gets very annoyed and *huffy*(만약 내가 그녀가 원하는 대로 하지 않으면 그녀는 매우 언짢게 여겨 **화를 발끈 내죠**).

Now, don't get *huffy*. I was only <u>teasing</u>(화를 **버럭 내지** 마세요. 단지 약간 놀려본 것입니다).

The comedy is about a *huffy* actress who loudly protests every perceived insult, no matter how slight(그 코미디는 아무리 하찮은 것이라도 모욕으로 간주해서 **성을 불쑥 내는** 여배우에 관한 것이지요).

Y 를 알면 영어의 답이 보인다!

□ **Whingy/Whiney**(징징 짜다/불평하다)

My daughter is always ***whinging***(내 딸은 늘 **짜 부쳐요**).
My wife begins to ***whinge*** when there is not enough
money(내 아내는 돈이 떨어지면 **징징 우는소리**를 하기 시작해요).

I am really sick of hearing my husband ***whinging***
about my cooking/side dishes at the dinner table(나는 정
말 내 남편이 식탁 앞에서 반찬 투정하는 것에 질렸어요).

Stop ***whinging***(제발 그만 **넋두리**를 해).

'Whinging/Whingy'는 호주 사람들 사이에서 매우 자주
쓰이는 표현입니다. 'Complain'과 비슷한데 약간 어감이 다
릅니다. 미국에서는 'Whine'으로 많이 쓰입니다. 일상생활
에서 비공식적으로 계속 징징 짜듯이 투덜거리며 잔소리할
때 이런 표현을 씁니다.

- He <u>complains</u> when I make even the smallest of
  mistakes(그는 내가 조그마한 실수를 할 때마다 **불평해요**).

- The little puppy has been ***whining*** from early in the
  morning. He must be sick(강아지가 아침부터 **낑낑거리네요**. 아픈
  가 봐요).

He is always ***whining***/complaining about the weather(그
는 항상 날씨에 대해 **불평을** 해요).

Quit* *whining* and finish eating your dinner.

동사 'Quit'과 'Finish' 다음에는 반드시 'ing form'을 씁니다.

"I want to leave now." she *whined*("나는 이제 떠나고 싶어." 그녀는 **푸념**했다).

The workers were *whining* that the office was too cold(직원들은 사무실이 너무 춥다고 **불평했다**).

The dog was *whining* because it wanted to go out(개는 나가고 싶어서 **낑낑거렸다**).

He is always *whingy* and blames me if things go a little wrong(그는 일이 조금 잘못되면 늘 **징징거리며** 나를 비난합니다).

책임 전가는 'Buck passing'이라고 합니다.

- He tends to *pass the blame* to me when things do not go well. He is *buck passing*(그는 책임 전가를 하고 있어).
- He *passes the buck* when things do not turn out the way he wants(일이 원하는 대로 안 되면 늘 책임 전가를 하려고 해).
- I was tempted to *pass the buck* by making someone else responsible(나는 다른 사람이 책임을 지게 함으로써 책임 전가를 하고 싶은 유혹을 받았어).

책임 전가 말고도 'Buck'은 또 다른 의미가 있습니다. 미 호주 달러를 말할 때도 'Buck'이라고 합니다(Give me five bucks/dollars).

Y 를 알면 영어의 답이 보인다!

□ Gloomy(우울한)

You look *gloomy/melancholy*(너는 **우울해** 보이네).

You *look depressed*. Come on <u>cheer up</u>, <u>chin up</u>(기분이 안 좋아. 제발 얼굴 들고 힘내).

What's wrong with you? Please <u>get it off your chest</u>(무슨 일이야? 제발 속 시원히 털어놔 봐).

Let's <u>have a chat and talk about it</u>(한번 뭔지 대화해 보자).

<u>Don't hold it back</u>. Don't <u>bottle it up</u>(제발 담아두지 말고. 맘에 꾹꾹 밀어놓지 마).

You need to <u>let it out</u>. Otherwise, you get stressed and it makes you become sick at the end of the day(끄집어내야 지. 그렇지 않으면 스트레스받고 결국에는 아프게 돼).

□ Moody(감성적이야)

Teenagers are famous for being *moody*(십 대들은 아주 **감상적** 이지).

He is so *moody*(그는 정말 **감상적**이야).
He makes me *feel rather down*(그는 나의 기분을 울적하게 해).

I don't like men who are *moody*(나는 너무 **감정에 휩쓸리는** 남자 는 질색이야). He *suffers from depression*(그는 우울증을 앓고 있어). Whenever he feels depressed, he has severe <u>mood swings</u>(우울할 때마다 그는 기분의 기폭이 심해).

Sometimes he is up and then his mood goes down abruptly(어떤 때는 그는 기분이 좋다가도 갑자기 울적해져).

When <u>you are up</u>, you are <u>in a good mood</u> and you feel excited or joyful(네가 **기분이 좋으면** 즐거운 느낌이 들지).

When <u>you are down</u>, you are <u>in a bad mood</u>. You head hangs low, your shoulders sag and you might feel like crying(네가 **기분이 나쁘면** 어깻죽지를 떨어뜨리고 마치 울 것 같은 느낌이 들지).

☐ **Teary**(눈물을 글썽이는/눈물 나는)

I become very ***teary/tearful*** when I am watching a <u>soapie</u>.[#](나는 연속극을 보면 괜히 **눈물이 납니다**).

[CF. 'Soapie' is an abbreviation of 'soap operas'. Australians use 'soapie' and Americans use 'soaps'/'soap'. It refers to TV dramas. Most Asians love to watch Korean soap operas(soapies)('Soapie'는 'soap operas'의 약자입니다. 호주인들은 'soapie'라고 부르고 미국인들은 'soaps'/'soap' 라고 합니다. 그건 TV 드라마를 말합니다. 대부분의 아시아인들은 한국 드라마를 보는 것을 좋아합니다).]

I love watching Korean soap operas/soapies/dramas, as they are so much fun(나는 한국 드라마 보는 것을 좋아해요. 엄청 재미 있으니까요).

Once you watch them, you <u>stay glued</u> all day long. They are <u>hooked on</u> the dramas(한 번 보면 완전 딱 들러붙어서 빠져들죠).

Kids love to watch the <u>telly</u>[#]/television(아이들은 TV 보기를 좋아하죠).

They are <u>hooked on</u> the Simpsons(그들은 심슨 프로그램에 완전

히 빠지죠).

Watching the <u>telly</u> can become <u>addictive</u>(TV 보는 것도 중독이 되어요).

They <u>stay glued</u> once they begin to watch it. It <u>becomes addictive</u>(한 번 보기 시작하면 딱 붙어서 떠나지 못해 중독되어요).

They are <u>addicted to</u> Korean dramas(그들은 한국 드라마에 중독되었어요).

They become Korean <u>drama addicts</u>(그들은 한국 드라마 중독자입니다).

When they watch the dramas, they cry <u>as if they are in the same situation</u> as the main characters(드라마를 보면 주인공과 같은 처지에 있는 것처럼 울죠).

□ **Weepy**(흐느껴 우는)

The teenagers got all *weepy* near the end of the film(십대들은 영화 마지막 부분에 모두 **흐느끼며** 울었어요).

She started getting *weepy* when she talked about her mother(그녀는 엄마에 관해서 이야기할 때 **흐느끼기** 시작했어요).

I am *weepy* enough that I even cry at happy endings to movies and books(나는 영화와 책을 본 뒤에는 **흐느끼다** 못해 울어 버려요).

He doesn't feel like going out with his friends and he is quite *weepy* a lot of the time(그는 친구들과 나가고 싶지 않아요. 아주 **눈물이 나니까요**).

- When I heard that my parents <u>passed away</u>, I cried so much I almost <u>passed out</u>/fainted(부모님이 돌아가셨다는 소식을 들었을 때 너무 울어서 거의 기절했어요).

□ Sappy/Soppy(감상적인)

They easily become **sappy** and cry with little reason(그들은 쉽게 이유 없이 **감상적이** 되어서 울죠).

I feel **soppy**/sentimental whenever I listen to a love song(나는 그 사랑의 노래를 들을 때마다 **감상적으로** 되어요).

When I listen to **soppy** love songs, I sometimes <u>sob</u>(나는 그 **감상적인** 사랑의 노래를 들을 때 가끔 조용히 흐느껴요).
Sometimes, I enjoy <u>listening to</u>* sad and **soppy** music(가끔 나는 슬프고 감성적인 음악을 들어요).
'enjoy' 동사 다음에는 항상 'ing'를 써야 합니다.

□ Mushy(눈물이 많은/감상적인)

That was a **mushy** love story(그것은 **감상적인** 사랑의 이야기입니다).
The movie was so romantic that I felt sentimental(그 영화는 너무 로맨틱해서 정말 감상적으로 되었어요).

'Mushy'는 '죽 같이 걸쭉한'이라는 뜻이 있습니다.

Cook until the fruit is soft but not **mushy**. I do not like **mushy** food(그 과일이 부드러워지되, 너무 **걸쭉하지** 않도록 요리하세요. 나

Y 를 알면 영어의 답이 보인다!

는 너무 걸쭉한 요리를 좋아하지 않아요).

The peach was overripe and *mushy*/soft(그 복숭아는 너무 익어서 **흐물흐물해요**).

Take care not to overcook them as the flesh will become *mushy*(너무 고기를 지나치게 요리하지 마세요. 살이 너무 **흐물흐물해질** 때까지).

Usually, I love cruncy stuff, but this time I will eat *mushy* stuff(대개 나는 바삭바삭한 음식을 좋아하지만, 이번에는 좀 **부드러운** 음식을 먹을래요).

2) 행복한 감정이나 느낌을 표현할 때

□ Jolly(명랑한/즐거운)

Santa Claus is a typical example of a *jolly* person(산타클로스는 전형적으로 늘 싱글벙글 즐거운 사람이죠).

My son is always a *jolly* guy(내 아들은 늘 웃음이 귀에 걸려 있는 **명랑한** 아이죠).
He looks cheerful(그는 항상 유쾌해요).
He used to be a happy and *jolly* guy but because he is going through puberty, he is grumpy all the time(옛날에 그는 행복하고 늘 **명랑한** 사람이었으나 가난에 찌들면서 늘 시무룩해요).

'Jolly'는 'Pretty'처럼 부사로 쓰이면 '매우', '대단히'라는 뜻으로도 쓰입니다.

Jolly good <u>chaps</u>. Let's go fight in the mountains of Afghanistan(아주 훌륭한 제군들이여. 아프가니스탄 산으로 싸우러 가세).

'Chap'은 '녀석'이라는 뜻입니다. He is a nice chap/fellow/bloke 등입니다. 이 중에서 'Bloke'는 어른에게 쓰는 경향이 있습니다.

Jolly는 사물에도 쓰입니다.

Goodbye my love. I wish you had been here last night. We had an awfully ***jolly*** evening(지난밤 네가 여기 있었으면 좋았을 텐데. 우리는 정말 **즐거운** 저녁을 보냈거든요).

After the service, a very ***jolly*** 'tea' party was held in the village hall, which was much enjoyed by all who attended(아주 **유쾌한** 파티가 마을 홀에서 열렸어요. 모두가 참석하여 즐겁게 시간을 보냈습니다).

호주에서는 'Tea party'가 저녁을 먹는 식사를 지칭하기도 합니다.

□ **Smiley**(미소를 잘 짓는다)

She is always ***smiley***. She always <u>has a smile on her face</u>(그녀는 항상 미소를 지어요).

Show your ***smiley*** face when I see you next time(다음에 볼 때는 미소 짓는 얼굴을 보여 주세요).

[CF. Smileys are also known as 'emoticons'('Smiley'는 감정

Y를 알면 영어의 답이 보인다!

을 나타내는 데 사용하는 기호로도 알려져 있습니다).]

- You are bright and *chirpy* this morning(오늘 아침에는 밝고 기분 좋아 보이네).

[CF. The birds are chirping(새가 짹짹거려요).]

2. 불/만족

또 하나의 감정을 표현하는 것으로는 바로 만족과 불만족스러움을 표현하는 것이 있습니다.

1) 불만족한 느낌을 표현할 때

□ **Weary**(피곤한/지친)

I become so ***weary***, because he <u>keeps interrogating</u> me about the case(나는 너무 **지쳤어요**. 그가 계속 그 사건에 대해 추궁하는 통에).

I am <u>fed up with</u> the fact that journalists badgered him about the deals(나는 기자들이 그 사건에 대해 그에게 계속 캐묻는 것에 진저리났어요).

'Badgering'과 'Interrogating'은 비슷한 표현으로 계속 끈질기게 뭔가를 캐묻는 것을 말합니다(To ask or nag (someone) about something in an annoying and persistent way).

I *feel drained*(나는 정말 진이 다 빠졌어요).

She completely *wears me out*(그녀는 완전히 나를 진이 다 빠지게 합니다).

I need to rest my ***weary*** eyes(나는 나의 **피곤한** 눈을 쉬게 해야 합니다).

Y 를 알면 영어의 답이 보인다!

The miners were *weary* after a long shift(광부들은 장시간 일하고 나서 완전히 **지쳤어요**).

She was *weary* from years of housework(그녀는 오랫동안 집안일을 해서 **지치고** 따분해졌어요).

□ Achy(몸살감기로 아파요)

I feel all *achy*(온몸이 **쑤셔요**).

I have an *achy* back(등이 **아파요**).

When you catch a cold, you <u>suffer from</u> symptoms such as a runny nose, cough and temperature(감기에 걸렸을 때는 콧물 증세로 고생하지요).
You may feel *achy* all around your body(**몸살이 나서** 그럴 수도 있어요).

I have *achy* feet by wearing uncomfortable shoes(불편한 신발을 신어서 **발이 아파요**).

□ Stuffy(물건들로 꽉 차 있는/답답한)

When I go into a small house, I feel very uncomfortable because the house is a *stuffy* space/place(좁은 집에 들어가면 공간이 답답해서 불편함을 느껴요).

Open the car window because the car is very *stuffy*(차 문 좀 열어. 차 안이 답답해).

A *stuffy* nose is caused by low oxygen in cells(코가 막히는 것은 세포에 산소가 모자라서입니다).

Nasal congestion or '*stuffy* nose' occurs when nasal tissues and blood vessels become swollen with excess fluid, causing a *stuffy* feeling(코 막힘은 코의 조직과 혈관이 지나친 액체를 만들어서 부어서 생깁니다. 그래서 답답한 느낌이 들죠).

[CF. I have bought <u>lots of stuff</u>(나는 여러 가지 것들을 샀어요). I love this <u>stuff/thing</u>(나는 이런 것을 좋아해).]

- You <u>feel very frustrated</u> when you can hardly express yourself in English(영어로 표현을 못 할 때는 굉장히 답답함을 느끼죠).

□ Dizzy(어지러워)

I have low blood pressure. That is why I get *dizzy* easily(나는 저혈압이에요. 그래서 쉽게 어지러워요).

When you catch a cold, you get *dizzy* and get a headache(감기에 걸리면 어지럽고 두통이 있죠).
Another major symptom is that you have a *runny* nose(또 다른 증세로는 콧물이 많이 나요).

Y 를 알면 영어의 답이 보인다!

My nose is *runny*. I sneeze a lot. I am very *sneezy*(콧물이 나고 재채기를 많이 해).

- I need to <u>take a sickie</u>(병가 휴가를 내야겠어).
- How come you did not go to work today(어째서 오늘 일하러 안 갔어)?

I am having a <u>sickie</u> today(오늘 병가 휴가 냈어).

[CF. 'Sickie' is an abbreviation of 'sick leave'('Sickie'는 'Sick leave'의 줄임말입니다). Australians can be entitled to apply for a sickie once a month(호주인들은 일 년에 한 8번 정도 병가 휴가를 낼 수 있어요). Strictly speaking, the terms 'sickie' and 'sick leave' <u>are different from</u> each other(엄밀히 말해서 'sickie'와 'sick leave'는 달라요). Sickie is used when you are not sick but pretend to be sick('Sickie'는 꾀병 부릴 때 쓰입니다). In contrast, sick leave is used when you are genuinely sick('Sick leave'는 진짜로 아플 때 쓰는 것입니다).]

When taking sick leave, the person must bring a doctor's certificate(병가 휴가를 낼 때는 통상 의사의 진단서를 내야 합니다).

- I am on <u>study leave</u>(휴학 중이야). I <u>have deferred</u> my study, because I have to go to the army(공부를 미뤘어. 왜냐하면, 군대에 가야 하니까).

To serve in the army is obligatory, <u>mandatory</u>, and compulsory(군대는 의무이고 모두가 해야 해).
Nobody can get away from it. It is unavoidable(아무도 안 할 수 없고 피할 수 없어).

So I <u>put off</u> my study for two years(그래서 2년간 공부를 뒤로 미뤘어).

- You <u>can't get away from</u> doing this, you must do it(너는 이것을 안 할 수 없어. 반드시 해야 해).

☐ Drowsy(졸려)

Too much alcohol can make you feel *drowsy*(술을 많이 마시면 **졸리지**).

I feel very *drowsy* when I take this pill(이 약을 먹을 때면 나는 **졸려**).

The boy was so *drowsy* because his mathematics class was boring(수학 시간이 너무 지루해서 그 소년은 아주 많이 **졸렸어**).

We spent a *drowsy* afternoon by the pool(우리는 수영장 옆에서 **나른한** 오후를 보냈지).
I feel very tired. I slept late yesterday. So I <u>slept in</u> this morning(어제 늦게 자서 피곤해. 그래서 오늘 아침에 늦잠을 잤어).

☐ Dozy(졸려/나른해)

The big Thanksgiving dinner left us all feeling satisfied and *dozy*(그 추석날 저녁을 잘 먹었더니 배가 불러서 너무 **나른했어**).
After I ate a big dinner, I felt *dozy*(내가 저녁을 많이 먹은 후에는 정말 **나른했어**).

Y를 알면 영어의 답이 보인다!

I feel very sleepy today. So I <u>nodded off</u> when I attended the class(오늘 되게 졸려. 그래서 수업 시간에 꾸벅거리며 졸았어).

□ Dopey(몽롱해)

Marijuana makes you feel *dopey/dopy*(마리화나는 너를 **몽롱하게** 만들어).

[CF. You are so *dopy*/stupid(너는 정말 멍청해).]

Animals who feel secure and happy are *dopey* and relaxed(안전하고 행복하게 느끼는 동물은 **느긋하고 멍해**).

The film is simply *dopey*, devoid of interest and boring(그 영화는 너무 **지루해**. 흥미진진한 것이 하나도 없어).

2) 만족한 느낌을 표현할 때

□ Happy(만족해/마음에 들어)

I am not *happy* with your job(나는 네가 하는 일이 **마음에 안 들어**).

If you are not *happy* with this work, then I will do it again(네가 이 일이 **마음에 안 든다면** 다시 할게).

Your performance so far is not satisfactory(지금까지 네 업무 실적이 만족스럽지 않아).

□ Comfy(편안한)

You need to wear *comfy* shoes to go on a bush walk(산 속을 걸을 때는 편안한 신발을 신어야 해요).

[CF. Comfy is an abbreviation of comfortable('Comfy'는 'comfortable'의 줄임말입니다).]

Just be yourself, dress in what you feel *comfy* in(그냥 당 신이 편안하다고 생각하는 옷을 입으세요).

Look at the *comfy* armchair(저 편안한 안락의자를 보세요).

Ten minutes later we were snoring in our *comfy* beds with the air conditioner on, dreaming of Olympic glory(십 분 뒤에 우리는 우리의 편안한 침대에서 코를 골기 시작했어요. 에어컨 을 튼 채로 올림픽의 영광을 꿈꾸며…).

Y를 알면 영어의 답이 보인다!

3. 불/안전

우리는 안전한지, 불안한지를 표현하기 위해서도 영어를 씁니다.

1) 불안을 표현할 때

☐ Clingy(찰싹 들러붙어서 기대는)

Your baby is so *whingy* and ***clingy*** today(오늘 네 아이는 정말 징징 짜면서 **떨어지지 않네**). What's wrong with him(뭐가 잘못되었나)?

My girlfriend is always ***clingy***(내 여자 친구는 항상 내 옆에 **찰싹 달라붙어** 있어요). She does not allow me to <u>focus on</u> my work(그녀는 내가 일에 집중하도록 내버려 두지 않아요).
I need my own <u>breathing space</u>(나는 내가 숨 쉴 공간이 필요해).

When a person becomes annoying by always wanting to be around you, s/he just basically <u>suffocates</u> you(어떤 사람이 항상 네 옆에 붙어 있어서 짜증 난다면 그 사람이 네 목을 조이는 거야).

I see why Robert doesn't like Kelly. She won't leave him alone. What a ***clingy*** bitch(나는 왜 로버트가 켈리를 좋아하지 않는지 알아. 그녀가 그를 가만히 내버려 두지 않기 때문이지. 정말 못된 여자야)!

□ **Fidgety**(안절부절못하는/주의가 산만한)

The student looks very ***fidgety*** today, as he <u>looks bored</u> with his work and easily becomes nervous when I ask a question(그 학생은 오늘 정말 **주의가 산만하고 불안해** 보이네. 공부를 지루해하는 것 같고 내가 질문할 때 쉽게 신경을 곤두세우니까).

When your child is ***fidgety*** and <u>restless</u>, try to <u>distract</u> him with some form of creative dramatics(네 아이가 **안절부절못하고 가만히 있지 못할** 때는 뭔가 창조적이고 획기적인 방식으로 주의를 돌리도록 해 봐요).

With mobile phone abuse at a high, he can't help but get a little ***fidgety***(휴대전화가 세게 울리면 그는 자신도 모르게 **어쩔 줄 몰라 하며 불안해해요**).

Children can be very ***fidgety*** and not able to stay in one place or complete an activity. Sit still and stop *fidgeting*(애들은 쉽게 **주의가 산만해지죠**. 가만히 한 장소나 한 가지 일에 집중하지 못하고).

- The baby starts to *fret/feel unhappy* as soon as her mother goes out of the room(그 아이는 엄마가 밖으로 나가면 금방 눈치채고 **불안해해요**).

- The baby looks uneasy, restless and *fretful* when her mum is not around(어린아이들은 엄마가 주위에 없으면 곧 **주의가 흐트러지며 산만해져 불안하게 되어요**).

Y 를 알면 영어의 답이 보인다!

□ **Edgy**(안절부절못해/신경질적)

She has been very *edgy* and nervous lately(그녀는 최근에 아주 **신경질적이에요**).

She is always *on edge* before an interview(인터뷰 전에 그녀는 항상 **신경이 곤두서요**).

When people receive criticism, they tend to become very *edgy* and defensive(사람들은 비판을 받으면 대개 굉장히 **안절부절못하고** 방어 자세를 취해요).

Why are you so *edgy*(너 왜 **안절부절못해**)?

Their relationship has always been *edgy* and tense(그들의 관계가 **위태롭고** 긴장감이 돌아요).

□ **Nervy**(긴장되다)

Since the new professor was appointed, my director has become very anxious and *nervy* about any email I send(그 새 교수가 부임하고 나서 내 지도교수는 늘 긴장하고 내가 보낸 이메일에 신경을 곤두세워).

To make a public speech is so *nerve wrecking*(다른 사람 앞에서 연설하는 것은 진땀이 나). It is very *burdensome*. I get very nervy(그건 정말 부담돼. 신경이 바짝 쓰여).

The passengers were restless and **nerv**y after the long flight(그 여행객들은 긴 여행에 신경이 예민해져 있어).

□ **Scary**(무서워)

The movie was so **scary**(그 영화는 정말 **무서워**).

You scare me(아이쿠, **놀래라**).

For him, hurricanes aren't **scary**, they are simply frustrating(그는 허리케인은 **무섭지** 않아. 그러나 실망스러울 정도야).

It's got to be a **scary** time for them because the movie contains lots of violent scenes(그들에게는 정말 **공포스러운** 시간이 었어. 왜냐하면 그 영화에는 폭력적인 장면이 많기 때문이야).

- You are a *scaredy-cat*(그는 정말 **겁쟁이야**).
- I almost never win so I am too much of a *scaredy-cat* to enter the contest(나는 여태 이겨 본 적이 없어. 그래서 그 경연대회에 나가는 것이 **너무 두려워**).
- You are not courageous(너는 용기가 없어). You <u>are a chicken</u>(겁쟁이야).
- I *feel scared of** the fire(나는 불을 두려워해).
- She is afraid of falling off the mountain(그녀는 산에서 떨어질까 봐 두려워해).
- I *am scared to** speak German with your family because I might say something wrong and not know it(나는 너의 가족과 독일어를 말하는 게 **두려워**. 왜냐하면 내가 모르거나 틀린 것을 말할 수도 있으니까).

Y를 알면 영어의 답이 보인다!

사람의 감정을 나타낼 때는 과거분사형 형용사를 쓰지만, 사물을 평가하는 것으로 쓰일 때는 'ing'형으로 바뀝니다. 다음의 박스에서 그 차이를 더 알아보세요.

[CF. As you have noticed, when people express their emotions and feelings(AFFECT), then the Past Participle adjective form is used. However, when evaluating things(APPRECIATION), then 'ing forms' of adjectives are used(보시다시피 감정이나 느낌을 표현할 때는 '과거분사 PP'형을 쓰나 그것을 사물을 평가하기 위해 쓸 때는 'Ing'형을 씁니다).]

사람의 감성을 표현(Affect)	사물에 대한 반응(Appreciation)
I am <u>scared</u> of	The movie is <u>scary or scaring</u>
I am tired of driving I am tired with him	Driving is tiring He makes me feel tired
I am excited about the trip	The trip is exciting
I am surprised at the story	The story is surprising
I am disappointed at /with your work	Your work is disappointing
I feel burdened and stressed when I have to do assignments	Doing assignments is stressing/stressful/burdensome
I am interested in taking the course Students **take an interest in** engaging in the activity	Doing the course is interesting The course interests me
I am concerned about him **I am concerned with** the task I expressed **a serious concern** about the situation	The situation is concerning The situation **concerns** me The task **concerns** me

□ Panicky(공포에 질리다)

Whenever I hear an alarming sound I become *panicky*(경보음을 들을 때마다 나는 공포에 **질립니다**).

When terrorists attack, the <u>first thing you must do</u> is *not panicky*(테러리스트가 공격했을 때는 **놀라지** 말고 침착해야 해요).

Please <u>calm down</u>. Keep your composure in any *panicky* situations(제발 침착해요. 어떤 **공포스러운** 상황에서도).

- In *panic disorder* the panic attacks may happen at any time(공포 장애에 걸리면 갑작스러운 공포에서 오는 발작이 일어날 수도 있어요).
- During Boxing Day, *panic buying* happened in David Jones(박싱데이에 데이비드 존 백화점에서는 공포로 인한 사재기가 일어났어요).
- If you don't understand any of the terms above, *don't panic*(만약 네가 위의 어떤 글도 이해하지 못해도 놀라지 마).

□ Freaky(정말 놀랍고 무서워하다)

I was so <u>scared of</u> the dog. I hate dogs(나는 개가 **너무 무서워**. 정말 싫어).

When I visited a friend of mine's house, the dog pounced on me(내가 친구 집에 방문했을 때, 그 개가 나에게 달려들었어).

Y 를 알면 영어의 답이 보인다!

I was so *freaked out*(나는 **너무 놀랐고** 무서웠어).

'scared of'와 'freak out'이라는 표현은 거의 비슷하나 후자가 전자보다 더 무서움을 표현할 때 쓰입니다. 미국식 표현으로 1970년대의 마약 문화와 더 많이 연결되어 사용됩니다.

I get so *freaked out* and shaky, when I see a car accident(내가 그 차 사고를 봤을 때 나는 **너무 놀라서** 온몸이 후들거렸어).

You *freak me out*. That is so *freaky*(너는 나를 **깜짝 놀라게** 하네).

The movie is so *freaky*(그 영화는 **너무 무서워**).

The whole experience that I had in the country was really *freaky*(내가 그 나라에서 했던 경험 모두 **너무 무서운** 것이었어).

'Freak'은 'freaky'와 전혀 다른 의미를 가집니다.

He is a *movie freak*(그는 **영화광**이야).
My daughter is a *clean freak*(내 딸은 청소를 지나치게 하는 편이야).
He is a *computer game freak*(그는 **컴퓨터 게임에 광적으로 중독되어** 있어).

My ex-husband is a *control freak*, so I ended up getting divorced(나의 전남편은 늘 나를 **통제하려고** 해서 이혼하고야 말았지).

I think Nicole is a *control freak*. She asked Keith to stop singing country music(내가 생각할 때 니콜은 늘 남을 **제멋대로 휘두르려고 해**. 그녀는 케이스가 컨트리음악을 부르는 것을 못 하게 해).

My sister is a ***control freak***. She does not take my ideas and feelings <u>into account</u>(내 여동생은 모든 것을 제멋대로 통제하려고 해요. 그녀는 내 생각이나 느낌을 고려하지 않아요).

Koreans are ***footy freaks***. They have footy fever(한국인들은 축구광이야. 그들은 축구 열기에 빠져있어).

□ Guilty(죄책감이 있다)

I feel very ***guilty*** about what I did to her(나는 내가 그녀에게 한 행동에 대해서 **죄의식을 느껴**).

I don't feel any sense of ***guilt***, because I am <u>innocent</u>(나는 **죄의식을 느끼지** 않아. 왜냐하면 죄가 없기 때문에).

- I have been <u>falsely accused of</u> this(이 사건에 누명을 썼어요).

'누명을 썼다'라고 표현할 때는 'falsely accused'를 씁니다.

4. 비/경향

우리의 의도나 목적을 나타내기 위해서도 영어를 씁니다.

□ **Needy**(절실하다/궁핍해)

When women start feeling *needy*, the feeling inside makes them feel helpless and powerless(여자들이 **뭔가 절실할 때**, 그 느낌은 속수무책이고 어찌해 볼 방도도 없는 거야).

Then anything a woman does or says just radiates that *needy*, desperate vibe(무슨 행동이나 말을 하건 그저 궁핍하고 **절박한 분위기**를 표출할 뿐이야).
That vibe again just pushes men away even more(그 느낌 자체가 바로 남자를 더 멀리하게 만들어요).
It's like we spiral downward, get caught in quicksand and find ourselves in an endless loop(우리 자신이 무언가에 휘감겨 급락하면서 늪에 빠져서 끝없는 고리 속에 있는 것과 같아).
Women <u>cannot figure out</u> how to pull themselves out of that situation(그 상황을 벗어날 방도를 찾아내지 못하겠어요).

The Salvation Army helps the *needy* or people who are in need(구세군은 도움이 **절박하게** 필요한 사람들을 돕습니다).

02

사람의 행동을
판단하기(JUDGEMENT)

영어를 배우는 다른 또 하나의 이유는 바로 사람들의 행동을 부정적 혹은
긍정적으로 평가하기 위해서입니다(To Judge people's behavior positively or
negatively). 이는 다섯 가지의 행동으로 분류됩니다.

1. 비/윤리적

사람의 행동을 '도덕적이냐, 아니냐'로 평가할 때 현지인들은 다음과 같이 'Y'로 끝나는 표현을 많이 씁니다.

1) 부도덕한 행동

□ Bossy

Bossy라는 표현은 'Boss'의 끝에 Y를 붙인 것입니다. 누군가가 두드러지게 설치고 다닐 때, 부정적인 평가를 할 때 많이 쓰입니다.

Nobody likes her, because she is very **bossy**(그녀는 정말 **대장처럼 설치고** 다녀).
She is getting **bossier** and more <u>overbearing</u> as she gets older(그녀는 나이 들면서 더 **군림하고 혼자 잘난 척**하네).

When I was little, my old brother **bossed** me around(내가 어렸을 때 형이 나를 **육박질렀어**).

Stop being **bossy**, otherwise you cannot <u>find favour*</u> <u>in your teacher's eyes</u>(**그만 설쳐**. 그렇지 않으면 선생님에게 잘 보일 수 없을 거야).

Y를 알면 영어의 답이 보인다!

- If I can <u>find favour in your eyes</u>, I will do anything for you(내가 **잘 보일 수** 있다면 무엇이든 하겠습니다).
- The little brat is a <u>teacher's pet</u>(저 꼬마가 선생님이 가장 좋아하는 애야).
- This is my <u>favourite</u> child(이 아이가 내가 가장 좋아하는 자식이요).
- If I can <u>find favour in your eyes</u>, I will do everything for you(내가 당신에게 **잘 보일 수** 있다면 나는 당신을 위해 뭐든 할 것이요).

'잘 보이다'를 'find favour'라고 합니다.

□ **Bully**(폭력배)

The ***bully*** <u>bosses you around</u> at school(그 폭력배가 학교에서 너를 때리고 **보스 행세**를 해).

<u>*School bullying*</u> is a serious concern for all educators(**학교폭력**은 모든 교육자의 심각한 우려 사항이야).

The guy is a terrible ***bully***(그 사람은 무서운 **폭력배**야).

He is quarrelsome and <u>overbearing</u> all the time(항상 싸우려 하고 **남을 지배하려고** 해).

I quit my job because I was being constantly ***bullied*** by my boss(나는 일을 그만두었어. 왜냐하면 내 상사에게 계속 **괴롭힘과 협박을 받아왔기** 때문이야).

I have recently lodged *a bullying complaint* form against my supervisor(난 최근에 내 상사에게 나를 **괴롭힌 것에 대한 고소장**을 냈어).

When you are ***bullied***, you need to stick up for yourself by saying firmly and confidently "Stop it."(네가 **폭력을 당하면** "그만해."라고 말하며 강력하게 맞서야 해요).

When the hooligans *mugged* him, he fended them off by doing Taekwondo(깡패들이 뒤에서 달려들었을 때 태권도로 받아쳐서 물러나게 했어).

If you are raped, don't hide it. You need to pluck up the courage to tell the police what happened to you(강간을 당하면 숨기지 말고 용기를 내서 네게 일어난 일을 경찰에게 보고해야 해). You need to stand up for yourself(네가 자신을 변호해야 해).

• Bullying is so mean and cruel(폭력은 야비하고 야만적이야).

[CF. 'Mean' has other meanings('Mean'은 다른 뜻도 있어요).]

• Once I say it, I mean it(일단 말하면 농담이 아니야).

또한, 재산이란 뜻도 있습니다.

The Australian government checks your income and does a means test to see if you are entitled to receive social benefits(호주 정부는 사회 복지 수당을 받을 자격이 있는지 보기 위해서 당신의 수입을 체크하고 재산 상태를 조사해요).

Y 를 알면 영어의 답이 보인다!

□ **Bitchy**(깔짝거리며 불평해)

주로 여자가 남자에게 불평이 많아서 계속 신경을 건드리며 못되게 굴 때 쓰는 표현입니다.

You are always so *bitchy* with me(너는 항상 무슨 불만이 많아서 **깔작거리는가**).

I see how sweet and wonderful you are with friends, and with strangers, and yet you seem to save all *the bitchiness* for me(친구들이나 낮선 사람에게는 잘하면서 나만 보면 항상 꼬집어서 **불평하네**).

Why don't you just treat me the way you treat your friends(네 친구에게 대하듯이 나를 대해주면 안 되니)?

That's not fair. I am not always *bitchy* to you(억울해. 내가 언제 늘 너에게 **깔작거렸니**).

You are such *a bitch*(너야말로 **깔작거려서** 화가 나게 만드네).

My wife is *bitching at* me all the time(내 아내는 늘 불평하고 작은 일에도 신경을 건드려).

She is *a real bitch*, as she is grumbling to such a nice bloke like you(그녀는 **정말 못됐구나**. 너같이 좋은 녀석에게 불만투성이니).

□ **Nasty**(고약한/치졸한/비열한)

My boss <u>belittles</u> and despises me. He <u>puts me down</u> in front of people. He is so ***nasty***(내 상사는 나를 다른 사람 앞에서 무시하고 경멸했어. 그는 정말 **비열한** 사람이야).

'Nasty'는 대부분의 사람이 잘 아는 표현이지만, 그 뜻에 덧붙여서 사람의 행동을 부정적으로 판단하는 좋은 표현들을 익혀봅시다.

Don't be offended by his remarks. <u>Get over</u> it. That is <u>the way</u> he talks <u>regardless of</u> who he is talking to(별 신경 쓰지 말고 넘겨버려. 그 사람은 누구에게든 상관없이 그런 식으로 말하는 사람이잖아).

'…와 상관없이'라는 표현에는 'regardless of' 또는 'irrespective of'를 씁니다.

<u>Regardless of/irrespective of</u> who they are, what they are doing, where they come from, you've got to accept the person as they are(누구든, 무엇을 하든, 어디서 왔든지에 상관없이 있는 그대로 그 사람을 받아들여야 해요).

<u>Irrespective of</u> colour, you should treat people equally(피부색에 상관없이 사람을 동등하게 취급해야죠).

She is downright ***nasty*** to those who disagree with her views(그녀는 자신의 의견과 일치하지 않는 사람들에게는 아주 **고약하게** 굴죠).

Y 를 알면 영어의 답이 보인다!

She is an extremely *nasty* lady. This is because she always <u>speaks ill of</u> others. She is always <u>backbiting and gossiping</u>(그녀는 아주 못된 고약한 여자요. 왜냐하면 늘 다른 사람을 나쁘게 말하고, 뒷말하고 소문을 내기 때문이죠).

- She has <u>a big mouth</u>. She is a <u>busy body</u>(그녀는 항상 남의 말을 옮기고 다니죠).
- My maths teacher is <u>picking on</u> me for some reason. He <u>keeps teasing me</u> in front of all my friends(나의 수학 선생님은 이유 없이 나를 항상 괴롭혀요. 그 선생님은 내 친구들 앞에서 나를 계속 무안을 줍니다).
- So I <u>get so annoyed</u> at his *nasty* attitude(그래서 나는 그의 치졸한 태도에 정말 신경이 거슬렸어요).
- My boy friend is a bit of <u>a teaser</u> today(내 남자 친구가 오늘 괜히 나의 신경을 좀 건드리네요).
- <u>Stop teasing</u> me otherwise I am not going to <u>put up with it</u> anymore(신경 그만 건드려요. 그렇지 않으면 더이상 참지 않을 겁니다).
- I <u>cannot stand it</u> anymore(더이상 참을 수 없어요).

'Nasty'는 주로 사람에게 쓰지만, 동물, 사물, 장소나 사건에도 쓰입니다.

My neighbour has a *nasty* dog that keeps barking at me(내 이웃에 나만 보면 계속 짖어대는 **고약한** 개가 있어).

I hate this smell of rubbish. It is so *nasty*(이 **고약한** 쓰레기 냄새가 정말 싫어).

A particularly *nasty* strain of the virus can make normally healthy people very ill(이 특별히 **고약한** 바이러스는 정상적으로 건강한 사람도 아프게 할 수도 있어요).

All I needed was something to relieve the pain from some rather *nasty* mosquito bites which I acquired(나에게 필요한 것은 **고약한** 모기에 물린 이 아픔을 좀 가시게 해 주는 뭔가입니다).

□ Snobby(콧대가 높다)

In general, pommies are very *snobby/snobbish*(대개 영국인 들은 **콧대가 높아요**).

[CF. Pommies refer to people from England('Pommies'는 영국인들을 지칭합니다).]

They are <u>so proud of</u> themselves(그들은 자부심이 세죠).

No, I cannot agree with you there. <u>To some degree/extent</u>, everybody can be arrogant in different ways(찬성하지 않아요. 어느 정도는 누구나 다른 면으로 잘난 척하는 면이 있죠).

He tends to have a *snobbish* attitude. He is a snoot, as he <u>looks down on</u> people(그는 **콧대가 높아 보여요**. 사람들을 무시하니까).

The spinster is too *snobby and picky*. That is why she <u>has not been able</u> to find Mr Right up to now(그 노처녀는 너무 **콧대가 높고** 까다로워요. 그래서 아직도 맞는 남자를 못 찾고 있어요).

Y를 알면 영어의 답이 보인다!

☐ **Haughty**(오만하다)

From what I have seen, they are so ***haughty and snooty***(내가 보기에 그들은 정말 **오만하고 거만한** 속물들이야).

They are <u>boasting</u> all the time(늘 잘난 체만 해). They are *snooty*(버릇없고 무엄해).

- He is <u>bragging about</u> nothing(그는 허풍떨고 있어).
- I am not <u>bragging</u>, but I can be very resourceful(내가 허풍 떨며 뻥 치는 게 아니라 나는 정말 쓸모가 많은 인간이야).
- <u>Stop bragging</u>(제발 뻥 치지 마).

☐ **Showy**(드러나게 보이는/번지르르한)

Everybody stays away from him, because he is <u>showing off</u> all the time(모두가 그를 멀리해요. 왜냐하면 항상 **자기 자랑만** 하니까요).

He is too <u>smug</u> and boasting(그는 너무 거만하게 잘난 체만 해요).

He wears ***showy*** jewellery and clothes(그는 **눈에 띄는** 보석과 옷으로 치장했네요).

He says things like look at me, look at me(마치 "나를 보세요." 라고 말하는 듯해요).

He has a ***showy*** and expensive car(그는 **번드레한** 비싼 차를 몰고 다니네요).
It looks very <u>fancy</u>(엄청 화려해 보이네요).

□ **Cocky**(목이 뻣뻣한/거만한)

I hit the target on my first three attempts. Then I got a bit *cocky*(내가 세 번 시도 후에 바로 목표를 이루자 **교만해지기** 시작했어).

[CF. A cock is a male chicken. They walk around with great pride, as do people who are acting or feeling *cocky*(장닭이 자만심에 차서 목을 꼿꼿하게 세우는 것에서 비롯된 표현임).]

Americans look very friendly/neighbourly but in fact they are very *cocky*(미국인은 친절하나 실제로는 **거만하죠**).

They are *arrogant* in fact(그들은 교만해요).

That bloke has became very *cocky* and arrogant after his promotion(그 남자는 승진 후에 목이 **뻣뻣하게** 아주 거만한 태도를 보여요).

□ **Brassy**(뻔뻔한)

The criminal is very *brash/brassy*(그 죄수는 참 **뻔뻔해요**).

He is *brazen-faced and impudent*(철면피에다 무뢰한입니다).

Even though he committed a serious crime, he did not show any remorse to the victim. He acts as if he did not do that(죄를 지어도 피해자에게 회개하는 모습을 보이지 않아요. 마치 아무 죄도 안 저지른 것처럼).

She is a bit <u>brash and audacious</u>(그녀는 대담해요).

It sounds <u>presumptuous/rude</u>, but can I <u>ask you a big favour</u>(건방지고 무례한 것 같지만, 부탁 하나 해도 되나요)?

It might <u>be a big ask</u> but I would <u>appreciate it</u> if you could send it to me(좀 무리한 부탁이지만 그걸 내게 보내 주시면 감사하겠습니다).

□ **Naughty(못된/나쁜)**

'Naughty'는 아주 쉬운 표현이지만 그에 딸린 유용한 표현들을 익혀 봅시다.

He is a ***naughty*** (a negative term) boy(그는 **못돼 먹은** 학생이야). 주로 부정적으로 쓰입니다.

You are ***naughty*** if you <u>muck around</u> in your class without studying(너, 공부 안 하고 교실에서 왔다 갔다 돌아다니면 나쁜 학생이야).

'Muck around'는 집중하지 않고 이리저리 돌아다니는 걸 말합니다. 아주 자주 쓰이는 표현입니다.

Stop <u>mucking around</u> and <u>get on with</u> your work(제발 돌아다니지 말고 공부나 좀 해라).

그런데 'Muck up'은 '망치다(Screw up)'라는 뜻으로 쓰입니다.

[CF. You have <u>mucked up</u> my life. You have <u>screwed up</u> my life. My life is completely screwed up because of you. This photo is <u>mucked up</u>(네가 내 인생을 망쳤어. 내 인생은 너 때문에 완전히 망가졌어. 이 사진을 완전히 망쳤어).]

I was told off by my mother for my **naughty** behaviour(내가 **못된** 짓을 해서 엄마에게 야단맞았어). '야단치다', '야단맞다'는 'scold' 또는 'being scolded'로 자주 쓰이지만, 구어로는 'tell off'나 'being told off'로 자주 쓰입니다.

- I <u>was told off</u> by my teacher because I misbehaved during class. She scolded me harshly(오늘 나는 수업 시간에 처신을 잘못해서 선생님께 야단맞았어. 그녀가 엄청 심하게 꾸짖었어).
- I was scolded by my teacher because I <u>wagged</u> classes too often(나는 수업에 자주 빠져서 야단맞았어). '수업을 빼먹는다(miss classes)'를 구어로 'Wag classes'라고 합니다.
- He <u>was telling me off</u> in front of my classmates(내 친구들 앞에서 야단쳤어).
- I <u>was grounded</u> by my parents when I got home(그래서 내가 집에 갔을 때 부모님께 벌을 받았어). '벌 받다, 혼나다(having big trouble)'는 'is grounded'라는 표현을 씁니다.
- I <u>will give you big trouble</u>/you will be in big trouble if you don't listen to me(너, 내 말 안 들으면 혼내줄 거야).
- You <u>will be grounded</u> if you do not behave yourself(제대로 처신 안 하면 벌로 혼날 거야).
- I <u>play truant</u> these days because I <u>hang out with</u> bad friends(최근에 나쁜 친구들과 어울린다고 학교에 가지 않았어).

You are so *naughty*. You <u>will be grounded</u> by your teacher. You will get <u>detention</u>(너 정말 **나빠**. 너 선생님에게 벌 받을 거야).

'Naughty'는 상황에 따라서는 긍정적인 표현으로 쓰이기도 합니다.

This is my present for you. It's small but it is from my heart(이건 선물인데. 정말 약소하지만 마음으로 받아줘).

You are a *naughty* (a positive term) girl, you shouldn't do that(너 정말 **왜 그래**. 이러면 안 되지).

□ **Sleazy**(엉큼한/비천한)

She acts like a prostitute(그녀는 창녀처럼 행동해).

She could be hot and <u>sexy</u>, but she wears very *sleazy* clothes(그녀는 섹시하나 아주 야하고 **천한** 옷을 입어).

The man is <u>devious</u>(그 남자는 요상해).

He approaches you and tries to touch you. He is so *sleazy*(너에게 접근하여 만지려고 했어. 그는 정말 **엉큼해**).

He is <u>out to get you</u>. He is <u>hanging around</u> you all the time. Be careful(그는 늘 너의 주위를 빙빙 돌며 기회를 보고 있어. 조심해).

□ **Skanky**(야하지만 좀 비천한)

She is very hot but *skanky*(그녀는 매우 섹시하나 **비천해 보여**).

She wears *skanky* clothes(그녀는 아주 **야한** 옷을 입어요).

[CF. The word *skanky* means unattractive or disgusting('Shanky'는 야하지만 별로 매력이 없고 비천한 모습을 말합니다).]

The video shows how to make sexy, *skanky* and slutty clothes(그 비디오는 아주 **섹시하면서 온몸이 다 비치는** 옷을 어떻게 만드는지 보여 줍니다).

The shop showcases a wide variety of prom dresses perfect for your style&body shape(그 가게는 당신의 스타일과 몸 형태에 맞는 여러 가지 댄스파티에 입기 적당한 여러 옷을 보여 줍니다).

'Prom'은 'Promenade'의 줄임말로 대학 등에서 하는 사교 댄스파티 등을 말합니다.

Prom season is here(댄스파티의 계절이네요)! A high school principal advised students to dress cool, not *skanky*(고 등학교 교장 선생님이 학생들에게 파티에 멋있어 보이되 너무 야한 옷은 입지 말라 고 충고했어요).

□ **Flirty**(바람기 있는/꼬리 치는)

She is a bit *flirty*/flirtatious whenever she sees men(그녀 는 남자만 보면 **꼬리를 치죠**).

Y를 알면 영어의 답이 보인다!

When women find sexually attractive men, they begin to **flirt**(여자들은 성적으로 매력 있는 남자를 만나면 **꼬리를 치죠**). By and large, men can be <u>smitten and get infatuated</u> by the women(그러면 대개 남자들은 홀딱 빠지죠).

☐ **Kinky**(변태의)

He is a <u>pervert</u>. He must be *kinky*(그는 성도착자에요. **변태임이 틀림없죠**).

His *kinky* character has made it so difficult for his wife to rather enjoy married life(그의 **변태적인** 성격이 그의 부인이 결혼생활을 즐기는 것을 오히려 어렵게 만들어요).

His tasty in sex is very *kinky*(그의 성에 대한 취향은 매우 **변태적이에요**).

What *kinky* things have you done for/to your spouse/lover(무슨 **변태스러운** 짓을 당신의 부인에게 했나요)?

☐ **Horny**(성적으로 흥분되는)

Teenagers get *horny* instantly when they see porno movies(십 대들은 동영상을 보면 즉시 **성적으로 흥분해요**).

Some real sex stories in the book can make you feel really *horny*(그 책에 있는 몇 개의 섹스 이야기는 정말 당신을 **흥분하게 만들거요**).

These 10 awesome tips can help you to learn how to make a girl **horny**(이 열 개의 훌륭한 기교는 당신이 어떻게 여자들을 **흥분하게 만드는지** 도와줄 것이요)!

□ Greedy(욕심이 많다)

You ate the whole pizza. I don't believe it! You are a **greedy** pig(너는 피자 한 판을 다 먹었어. 믿을 수 없어! 너는 정말 돼지 같은 **욕심꾸러기야**).

These are some real-world examples of **greedy** companies and individuals that put their own desire for wealth and possessions ahead of the needs of others(다른 이들의 요구보다 자신들의 부와 소유를 먼저 챙기는 **욕심 많은** 개인들과 회사들의 실례들이 많아요).

These are all examples of **greedy** behaviour(이것들이 **욕심으로 가득 찬** 행동의 본보기요).

Any decision to take from others or to enrich yourself <u>at the expense of others</u> is an example of greed and is something that should be avoided at all costs(다른 사람을 희생시키고 자신의 영달을 위해 남의 것을 취하는 결정은 **욕심의** 본보기이자 반드시 피해야 할 것이요).

Y 를 알면 영어의 답이 보인다!

□ **Stingy**(인색한)

He is so *stingy* and he never spends any money onus(그는 너무 **인색해서** 돈 한 푼 안 써요). He is <u>a miser</u>(그는 구두쇠입니다).

The company was too *stingy* to raise salaries(그 회사는 너무 **인색해서** 월급을 올릴 수가 없어요).

Ebenezer Scrooge is the classical example of a very *stingy*, heartless miser(스크루지는 **아주 인색하고** 매몰찬 구두쇠의 본보기죠).

He is so *stingy*, because he manages to **scrounge** a free meal despite the fact that he is so rich(그는 정말 **구두쇠**에요. 부자임에도 불구하고 공짜 식사를 찾아다니니까요).

- Even though he has enough money to buy a pack of cigarettes, he <u>scrounged</u> a cigarette on the street(그는 담배를 살 돈이 있음에도 불구하고 길거리에서 담배 한 개비를 구걸하고 다녔어요).

[CF. <u>Scrounge</u> means persuading or begging someone to give you (something) for free. It means borrowing a small amount or item with no intention of repaying or returning it('Scrounge'는 공짜로 누군가에게 구걸하는 걸 말합니다. 돌려줄 생각 없이 조그마한 것들을 빌리는 것을 의미합니다).]

□ **Pushy**(압박하는/몰아·밀어붙이는)

Don't be too *pushy* with your children <u>when it comes to</u> studying(공부에 관한 한 아이들을 너무 몰아붙이지 마세요). <u>It doesn't work</u>(그건 소용없어요).

In general, Asian countries value education a great deal but sometimes parents tend to be too *pushy*(일반적으로 아시아 부모들은 교육열이 대단하나 부모들이 **너무 몰아붙이는** 경향이 있죠).

This <u>puts enormous stress/strain/pressure on</u> children. That is no good. <u>What's the point of</u> pushing children like this(이것은 아이들에게 많은 스트레스를 주어서 안 좋아요. 무슨 소용이 있어요)?
They are too <u>harsh</u>(부모들이 너무 심해요).

Don't be <u>too hard on yourself</u> because you do not perform well at school(학교 성적이 잘 안 나왔다고 너무 자신을 힘들게 자학하지 마세요).

Don't be so *pushy*. Leave children alone(제발 너무 **밀어붙이지** 말고 그냥 내버려 두세요).

□ **Nosey**(참견하는)

Parents are too *nosey* as a result(부모들은 결국 너무 **참견이** 많아).

They <u>are too concerned with</u> petty matters(그들은 너무 사소한 일에도 관심을 기울여).

- They <u>put/poke their noses into</u> all of their children's matters. They <u>pry into</u> their children's affairs and <u>peep into</u> their rooms(그들은 아이들의 모든 일에 **일일이 참견해요**. 그리고 아이들의 일을 캐 보기도 하고 그들의 방을 엿보기도 해요).
- Children hate being told to do this and do that by parents. This causes a reaction from children. Children often become rebellious(아이들은 이래라저래라 지시받는 걸 싫어하죠. 이것이 아이들을 반항하게 만들기도 하죠).
- Keep your nose out of it(제발 관심을 끄세요).
- Don't <u>interfere with</u> them(간섭하지 말고요).

□ **Granny**(잔소리하는)

Mum, please don't be a ***granny***. I know what I am doing(어머니, 제발 **잔소리하지** 마세요. 제가 알아서 할 테니까요).

[CF. Granny is an abbreviation of grandmother. In contrast, <u>nanny</u> is a person who takes care of a baby. I have hired a <u>nanny</u> to nurse my baby(granny는 할머니의 줄임말이고 Nanny는 보모를 말합니다. 젊은 여자일 수도 있습니다).]

- I am sick and tired of her *<u>nagging like a granny</u>*(나는 정말 할머니 같은 그녀의 잔소리가 정말 지겨워).
- My wife *<u>keeps nagging</u>* me for no reason(내 아내는 이유 없이 계속 바가지를 긁어요).
- *<u>Stop nagging</u>* me(제발 바가지 긁지 말아요).

□ Irky/Irksome(지겨운/짜증 나는/괴로운)

I felt *irky* today when I got out of bed(오늘 침대에서 일어나니 뭔가 **찌뿌둥하고 개운치 않았어요**).

The incessant barking of my next door neighbour's puppy is driving me crazy. The noise *irks* me(내 이웃집 강아지가 계속 짖어대는 통에 아주 미쳐서 죽는 줄 알았네. 그 소리가 **정말 지겨웠어**).

When my little brother keeps saying the same phrase over and over again, I might find it *irksome*(내 동생이 똑같은 소리를 계속 지껄일 때 나는 **정말 지겨웠어**).

What an **irksome** task the writing of long letters is(긴 편지를 쓰는 것이 얼마나 **지루하고 괴로운** 일인지)!

Flies really annoy us when we have a Barbie# in the park in Australia(파리들이 공원에서 고기를 구워 먹으면 우리를 불쾌하게 합니다).

[CF. 'Barbie' is an abbreviation of 'Barbecue(BBQ)'. Let's have a barbie on the weekend(Barbie는 바비큐의 줄임말입니다. 주말에 바비큐 해요).]

It really *irks* us and we feel irritable(파리는 우리를 정말 **지겹고 짜증 나게** 만들어요).

'지겨운'의 비슷한 표현을 알아봅시다.

- I *feel disgruntled* when my boss asks me to do administrative work(나의 보스가 사무적인 일을 시킬 때 나는 정말 지겨워요).

를 알면 영어의 답이 보인다!

- I *get really annoyed* by my mother-in-law's nagging(나는 내 시어머니의 잔소리가 정말 짜증 나고 지겨워요).

- She is *really a pain in the neck*(그녀는 정말 나를 괴롭힙니다).

- She is such a pest. My child *keeps pestering* me to buy the clothes(그녀는 정말 끈질기게 괴롭혀요. 옷을 사달라고 계속 졸라대요).

- *Sorry for pestering* you but may I ask you a favour(괴롭혀서 죄송한데 부탁 하나 해도 될까요)?

- Sorry for *bothering* you, but can you spare me a minute(정말 죄송한데 시간을 조금 내어 주세요).

- *What bugs/bothers me is that* he did not reply to my messages(내가 신경 쓰이는 것은 바로 그가 나의 메시지에 답장을 하지 않는 것입니다).

- I *don't bother much* about that(나는 개의치 않아요).

□ Snappy(짜증 내며 소리치다)

Stop being *snappy*. That's good for nothing(**고함치지** 마세요. 좋은 것 하나도 없으니까).

The angry driver **sapped at** the police officer for giving her a ticket(화가 난 그 운전자는 벌금을 매긴 경찰에게 고함을 질렀어요).

I **snapped at** my mother for waking me up early(나는 일찍 깨운 엄마에게 짜증 내며 소리쳤어요).

2) 윤리적인 행동

☐ **Thrifty**(검소한)

He is ***thrifty*** and _frugal_(그는 **검소하고** 근검절약해요).

My mum never wastes leftover food. She thinks that <u>chucking</u> food <u>away</u> is so wasteful(나의 엄마는 남은 음식을 절대 낭비하지 않아요. 음식을 버리는 것은 낭비라고 생각해요).

<u>What a waste</u> if you <u>chuck</u> food <u>away</u>(음식을 버리면 너무 아깝죠)!
<u>Chuck away</u> this rubbish(이 쓰레기를 버리세요).

She is economical(그녀는 정말 경제적이죠).
She has to _scrimp on_ toilet paper and shampoo to save money(그녀는 돈을 절약하기 위해 화장실 휴지나 샴푸 등도 아껴 써요).

We _scrimped_ and saved to buy our first home(우리의 첫 번째 집을 사기 위해서 저축하며 정말 알뜰살뜰하게 아꼈습니다).

☐ **Worthy**(합당한)

I don't feel ***worthy*** enough to receive this award(나는 이 상을 받기에 **합당하다고** 느끼지 않아요).

Y를 알면 영어의 답이 보인다!

I am not *worthy* enough to pray to God(나는 신에게 기도할 만큼 합당치 않아요).

It is not *worth investing* money in this. It is *not worthwhile to* invest money in this(이것에 돈을 투자할 가치가 없어요).

각각 동명사와 to 부정사를 쓰는 문법에 조심하세요('Worth'와 'Worthy'의 발음에 유의하세요).

It is <u>no use doing</u> this(이것을 한들 소용이 없어요).

What's <u>the point of</u> doing this(이것을 한들 무슨 의미가 있어요)?

I cannot see <u>any point in</u> studying hard(공부를 열심히 해야 할 근거가 없잖아요).

□ **Friendly**(친근한)

He is so *friendly*(그는 정말 **친근해요**). He is warm-hearted, affectionate, and compassionate(마음이 따뜻하고 애정이 있으며 동정심이 있어요).

He has a <u>big heart</u> so you can lean on his <u>big shoulders</u>(그는 마음이 넓어서 그의 큰 어깨에 기댈 수 있어요).
He <u>takes in</u> everything I say(모든 것을 수용한다고 말할 수 있어요).

The child is very *smiley*(그 애는 미소를 잘 지어요).
Whenever I see him, he always smiles and gives me a

big hug(볼 때마다 웃고 덥석 안기려고 해요).

We received a *hearty*/big welcome from him when we visited his house(우리가 그의 집을 방문했을 때 마음에서 우러나는 대환영을 받았어요).

He is so generous and <u>hospitable</u>(후하고 환대해요).

Thank you for <u>your hospitality</u>(환대해 줘서 고마워요).

I feel like having a *hearty* meal at this time(나는 정성 어린 식사 대접을 받은 기분입니다).

□ **Lovely**(사랑스러운)

My daughter is so ***lovely***(내 딸은 아주 **사랑스러워요**).

What ***lovely/beautiful*** weather! as it is sunny today(날씨가 너무 좋죠! 오늘 햇빛이 나니).

This story is so touching and I was touched so much by his ***lovely*** present(이야기에 감동했고 그의 **멋있는** 선물 또한 감동을 주었어요).

The couple are *lovey-dovey*(그 부부는 서로 알콩달콩해요).

- Some couples get along very well <u>like a house on fire</u>(어떤 부부는 집에 불붙을 것 같이 서로 잘 지내요).
- But other couples <u>fight like cats and dogs</u>(그러나 다른 부부들은 고양이와 개가 싸우듯이 서로 다투어요).

Y 를 알면 영어의 답이 보인다!

□ Homely(가정적인/소박한/아늑한)

My daddy is <u>very much **a home** body</u>/person(저희 아빠는 매우 가정적인 사람입니다). He always comes home straightaway after work(그는 항상 일을 마치고 곧장 집으로 오죠).

His landlady is a kind and ***homely*** woman(그의 집주인 아주머니는 매우 친절하고 **따뜻한** 분입니다).

'Homely'는 사물에도 쓰입니다.

The restaurant has a ***homely*** atmosphere(그 식당은 아주 **가정적인** 안락한 분위기를 주죠). So I <u>feel at home</u> whenever I go to the restaurant(그래서 그 식당에 갈 때마다 편안함을 느껴요).

I have never been to any hotel where the stay has been so ***homely***, lively and friendly(나는 여태 그렇게 **안락하면서** 활기차고 친절한 호텔에 머문 적이 없어요).

Despite the size of the company, it feels quite ***homely***(그 회사의 큰 규모에도 불구하고 상당히 **아늑한 느낌**을 받았어요).

□ Motherly(여자답게/자상한)

She is so ***motherly***. Whenever I want to eat food, she serves me all the time(그녀는 정말 **엄마처럼 자상해요**. 내가 음식을 먹고 싶을 때마다 항상 잘 대접해 주죠).

The Asian lady in the restaurant is a kind and

motherly woman, because she helps me to eat fish that has lots of bones(그 식당에서 일하는 동양 여자는 정말 친절하고 **엄마처럼 자상해요**. 왜냐하면 뼈가 많은 생선을 일일이 발라 주거든요).

It pleased him indeed to regard her as a most *motherly* woman, for she seemed a glow with life and tenderness, despite her great age(그녀를 가장 **여성스럽고 자상한** 여자로 간주하는 것이 그를 즐겁게 만들었죠. 왜냐하면 그녀는 그 연세에도 불구하고 생에 대한 열정과 동시에 부드러움을 갖추고 있었어요).

Y 를 알면 영어의 답이 보인다!

2. 비/정직

어떤 사람이 정직하냐, 아니냐를 표현할 때 씁니다.

1) 정직하지 않은 행동을 표현할 때

□ **Dodgy**(속임수를 쓰는/야바위꾼)

The car mechanic is very **dodgy**(그 차 정비공은 약간 **속이는** 사람입니다).

He ripped me off(그는 나에게 바가지를 씌웠어요).

He overcharged me for repairing my car(내 차를 수리하고는 돈을 많이 요구했어요).

He is untrustworthy. He is unreliable and unscrupulous(그는 믿을 수 없어요).

He must be a conman(그는 사기꾼임이 틀림없습니다).

He is a bit of a **dodgy** doctor(그는 약간 **실력이 없는** 의사이지요).

He is a quack doctor(그는 돌팔이 의사입니다).

'Dodgy'는 사물에도 쓰입니다.

The chair is a bit *dodgy*(그 의자는 **약간 부실해요**). Don't sit there(앉지 마세요).

□ Shoddy(겉만 번지르르한/싸구려/속이는)

He is a *shoddy* tradesman(그는 **야바위**장사꾼이요).

He did a *shoddy* job(그가 제대로 일하지 않고 **겉으로만 대충해 놓았어요**).

He cheats people because he charges money that he does not deserve(그는 사람들을 속여서 받지 말아야 할 돈을 받아요).

- People are always getting <u>ripped off</u> by him(사람들은 늘 그로부터 **바가지**를 써요). '바가지를 씌운다'를 'rip off'라고 합니다.
- I realized that I <u>got ripped off</u> when I <u>compared</u> the money I paid for the bag <u>with</u> the money my friend paid(나는 내가 가방을 살 때 지불한 돈과 내 친구가 지불한 돈을 비교하면 늘 **바가지 썼다**는 생각이 들어요).

- He is a <u>crook</u>(그는 조금 속임수를 쓰는 것 같아요). He is dishonest(부정직해요).

[CF. This knife is crooked/bent(이 칼은 약간 구부려졌어요).]

- The police chase crooks(경찰은 사기꾼들을 쫓고 있어요).

Y를 알면 영어의 답이 보인다!

'Crook'은 약간 아플 때도 쓰입니다.

- I feel <u>crook</u> today(오늘 어찌 몸이 찌뿌둥해요).

Can I <u>have an *early* mark</u> today(오늘 집에 일찍 가도 될까요)?

- All right, I will give you a break(그래, 오늘 봐줄게). You can <u>have an *early* mark</u> today(집에 일찍 가도 돼). But <u>one string/condition is attached</u>; you must do your homework(한 가지 조건은 숙제를 다 해야 해). That's <u>fair enough</u>(당근이지요).
- He is <u>so crook</u> and he has to spend the night in hospital(그는 오늘 매우 몸이 안 좋아서 병원에서 밤을 새웠어요).

□ **Tricky**(속이는/잔머리 굴리는)

He is a <u>conman</u>, but you would not know it(당신은 모르지만, 그는 사기꾼이요).

He is so deceptive(그는 늘 속이려고 해요).

사기꾼을 'Conman'이라고 합니다.

He is very *tricky* and he looks like <u>a conman</u>(그는 **잘 속여서 사기꾼**같이 보여요).

동사로도 쓰입니다.

He <u>conned</u> you by using a trick(그는 속임수를 써서 너를 속였어).

You got conned by the mechanic, because you were overcharged(너는 그 차 정비사에게 속았어. 왜냐하면 돈을 너무 많이 요구했으니까).

The essay questions can be very *tricky*(그 에세이 문제는 **정말 아리송했어요**).

I do not know how to answer the questions(어떻게 답을 해야 할지 몰랐어요).

I am in a catch 22 situation at the moment, because I have no idea what to do(나는 정말 진퇴양난의/곤란한 상태에 있어요. 그 때문에 뭘 해야 할지 전혀 모르겠어요).

When are you going to marry(너는 언제 결혼할 거니)?

That's a very *tricky* question(그건 정말 곤란한/아리송한 질문이네).

That is the 64 thousand dollar question at the moment(그게 지금 이 순간 대답하기 곤란한 정말 아리송한 질문입니다). 대답하기 곤란한 질문을 'a 64 dollar question'이라고 하고 아리송하고 곤란한 상황에 직면했을 때는 'a catch 22 situation'이라고 합니다.

모두 이것도, 저것도 아닌 곤란한 상태인 'tricky'한 상태를 기술할 때 쓰는 표현입니다. 관사 'a'를 붙이는 것을 잊지 마세요.

Y 를 알면 영어의 답이 보인다!

□ **Flimsy**(얄팍한/속 보이는)

He is telling a lie. He is so transparent(거짓말하는데, 속이 보여요).

He always makes a *flimsy* excuse when he is <u>in trouble</u>(문제에 부닥치면 항상 **얄팍한 변명**을 늘어놓아요).

That's a very bad attitude(나쁜 태도입니다). He needs to <u>fix it up</u>(그는 고쳐야 해요).

Could you <u>fix up</u> this tap(이 수도꼭지 좀 고쳐 줄래요)? It has been leaking since last week(지난주부터 새고 있어요).

You cannot build a boat only from tree bark(너는 나무껍질로만 배를 만들 수 없어).

It would be too *flimsy*(그건 **너무 얇아요**).

□ **Iffy**(수상해/이상해)

The meat smells a bit *iffy* to me. It must have <u>gone off</u>(그 고기는 **이상한** 냄새가 나. 이미 썩은 것 같아).

The student cannot attend the class, because his mother was sick(그 학생이 수업에 참석할 수 없는 이유는 엄마가 아파서래).

It sounds a bit *iffy* to me. It is suspicious. He must be telling a lie(그것 좀 **수상해. 의심이 가**. 그가 거짓말하는 것이 틀림없어).

I am doubtful/skeptical about his excuse(그의 변명이 의심스러워).

□ Fishy(요상한)

He is a questionable character. He is so suspicious. Something *fishy* is happening with him(그는 **의심스러운** 인물이야. 좀 수상해. 뭔가 요상한 일이 그에게서 일어나고 있어).

He must be a spy(그는 스파이임에 틀림없어).

There must be something *fishy* going on/around here(뭔가 **수상한** 일이 여기서 일어나고 있음이 틀림없어).

Own up/confess(고백해).

Who did a fart/did someone pass wind(누가 방귀 뀌었어)? Own up(자수해).

□ Quirky(이상한/변덕스러운)

He has some unusual quirks in his personality(그는 약간 **특이하고 이상한** 성격을 갖고 있어). He is a bit *quirky*(그는 약간 **변덕스럽고 이상해**).

He has a *quirky* sense of humour(그는 약간 **이상한** 유머를 쓰는 사람이야).

Did you see the program? It was a *quirky* TV show(너는 그 프로그램을 봤니? TV 쇼가 **약간 이상해**).

□ Grubby(더러운)

Go and wash your *grubby* hands(가서 **더러운** 손을 좀 씻어).

Some floor cushions look a bit *grubby* because children sit on them(소파에 있는 쿠션이 약간 **더러워** 보이네. 왜냐하면 아이들이 그 위에 앉았으니까).

I went back to sleep, feeling slightly *grubby*(나는 기분이 **약간 더러운 채로** 자러 갔다).

We'll look very *grubby* indeed, won't we, <u>in comparison</u> to him(우리는 그에 비해 매우 **더러워** 보였어. 그렇지)?

□ Scabby(빌붙어 먹는/거지 근성의/지저분한)

He is always begging for food here and there at lunchtime. He is *such a scab*(그는 늘 점심때마다 여기저기에 음식을 구걸하러 다녀요. 그는 정말 **거지 근성이** 있어).

In these days, many men <u>sponge off</u> women like parasites(최근에 많은 남성이 여자 옆에 **기생충처럼 기대서** 살아요). They are *scabs/scabby*(그들은 **거지 근성**이 다분하죠).

His fingers are covered with **scabs** which cause them to itch fearfully(그의 손에 옴이 올라서 엄청 가렵게 만들어요).

When we provided food to the beggar, his *scabby* hands were trembling(우리가 그 거지에게 음식을 제공하자 그의 **더러운** 손이 떨고 있었어요).

□ Sneaky(몰래 눈치채지 못하게/약삭빠른)

The tradesman deceives us secretly. He is so *sneaky*(그 장사꾼은 비밀리에 우리를 속였어요. 그는 **정말 잘 빠져나가요**).

You can **sneakily** get out of here(너는 몰래 여기를 **빠져나갈 수 있어**).

High school students *sneakily* watch m/X-rated videos(고등학생들이 **몰래 숨어서** 성인 비디오를 보고 있어요).

The *sneaky* boy slipped outside to have a smoke without getting caught by his parents(그 약삭빠른 소년은 부모에게 들키지 않고 담배를 피우러 밖으로 **몰래 나갔어요**).

Once you get <u>caught red-handed</u>, you will be in big trouble(일단 잡히면 혼쭐날 거요).

City people tend to be *sneaky*(도시에 사는 사람들은 **약삭빨라요**).

Y 를 알면 영어의 답이 보인다!

They are <u>city slickers</u>, while we are <u>country</u> <u>bumpkins</u>(그들은 도시 깍쟁이들이고 우리는 시골뜨기이지요).

□ **Speedy**(재빠른)

Rats are so ***speedy*** and ***sneaky*** you <u>can hardly</u> catch them(쥐들은 **재빨라서** 잡기가 무척 힘들어요).

Don't ***speed***! Don't drive over the speed limit, you can <u>get fined</u>(속도 제한 이상으로 운전하지 말아요! 벌금을 낼 수 있으니까).

When I stopped in a non-stopping area, police approached me and booked me. I <u>got fined</u> $100(내가 정차 금지 구역에 섰더니 경찰이 다가와서 나에게 딱지를 떼어서 벌금을 백 불 내었어요).

I was booked by the police(나는 경찰에 잡힌 기록이 있어요). 동사로 'book'은 또 다른 의미로는 '예약하다'라는 뜻이 있죠.

[CF. Can I <u>book/reserve</u> a room in your hotel(내가 호텔을 예약할 수 있을까요)?]

□ Crafty(약삭빠른/잔머리 굴리는/간교한)

He is very *crafty* and cunning/deceitful. He is so calculating(그는 엄청 **잔머리 굴리며** 간교하고 계산적입니다).

In Aesop's fables, 'the fox' is *crafty*(「이솝우화」에서 여우는 **간교하죠**).

He is a *crafty* man, as he always cheats on his wife(그는 **간교한** 남자이지요. 그의 부인을 항상 속이니까요).

I hate my ex-wife so much because she was sly and *crafty* like a fox(나는 나의 전 부인을 싫어해요. 그녀는 여우같이 **간교하고** 엉큼하니까요).

'Craft'는 또 다른 의미로 손재주가 좋아 '수공예를 잘하는'이라는 뜻이 있죠.

I love doing *crafts*(나는 수공예를 좋아해요).

Y를 알면 영어의 답이 보인다!

3. 무/능력

능력이 있거나 없는 것으로 판단하는 현지인이 많이 쓰는 'Y'로 끝나는 표현을
알아봅시다.

1) 사람의 능력이 부족해 보이는 행동을 표현할 때

□ **Geeky**(안경을 껴서 꺼벙해 보이는)

School friends are <u>making fun of</u> you by saying you
are **geeky**(학교 친구들이 **꺼벙해 보인다고** 너를 놀리고 있다).

S/he is a <u>square</u> so s/he looks **geeky**[그(녀)는 안경을 껴서 정말
꺼벙하게 보여].

Most scholars tend to be <u>pedantic</u>(대부분의 학자는 고지식해요).
They tend to <u>knit-pick about tiny details</u>(그들은 조그마한 작
은 일도 쫀쫀하게 따져요).

Most of them are **geeky**(그들 대부분은 **괴짜지요**).

They do not have <u>well-rounded personalities</u>(그들은 원만한
성격을 갖고 있지 않죠).

They have <u>their heads in the air</u>. They are not <u>down to
earth</u>(그들은 공상이 많아서 현실적이지 않아요).

He is <u>a down to earth kind</u> of person(그는 정말 현실적인 사람이죠).
I am still <u>up in the air</u>. I am still confused(나는 여전히 정신이
헷갈리고 혼동이 되어요).

□ **Nerdy**(공붓벌레)

He only focuses on his study(그는 오로지 공부에만 집중해요). He
is a *nerd*(그는 **공붓벌레**입니다).

My husband is a kind of ***nerd***. He is a boring person.
He is only interested in computers(내 남편은 **공붓벌레** 같은 사람
이죠. 따분한 사람이고 오로지 컴퓨터에만 관심이 있죠).

'Nerdy'는 사물에도 쓰입니다.

He also wears ***nerdy*** clothes that do not look
fashionable(그는 항상 패션 감각이 없는 **너덜너덜한** 옷을 입어요).

If you are too serious about your study in Australia,
you <u>*get teased*</u> by your classmates <u>rather than</u> get
praised. S/he is a <u>machine</u>(호주에서는 만약에 너무 공부만 하면 학우
들에게 칭찬 대신 놀림을 받아요. 기계처럼 너무 완벽하다고).

It sounds <u>odd/weird/strange</u>, but it is a fact of life(그건 정
말 이상하게 들리겠지만 사실이지요).

It is so <u>weird</u>. It is really <u>warped</u>(그건 정말 이해할 수 없이 이상하
게 들리네요).

Y를 알면 영어의 답이 보인다!

□ **Airy-fairy**(머리가 텅 빈/비현실적인)

The politicians give *airy-fairy* descriptions in their political promises(정치가들은 **현실성이 전혀 없는** 정치적 공약을 하기도 하죠).

Blonde girls tend to have *airy-fairy* ideas(금발 머리 애들은 **골 빈 생각을** 하는 경향이 있어요).

They are <u>superficial, light and flippant</u>(그들은 피상적이고 가볍고 경솔한 경향이 있습니다).

□ **Wishy-washy**(대충 될 대로 되라는 식의/막연한)

Most students have *wishy-washy* thinking that they will pass their subjects without putting in due effort(대부분의 학생은 정당한 노력 없이 과목을 통과할 거라는 **막연한 생각을 해요**). These students <u>are likely to</u> failing their studies(이런 학생들이 학업에 실패할 가능성이 크죠).

Dating techniques will help women handle their *wishy-washy* noncommittal man(그 데이트 기법은 **막연히 놀아 보려는** 남자들을 어떻게 다루는가에 관해서 여자들에게 도움을 줄 것입니다).

I recently realised that I like black music, but up until then I'd been a bit *wishy-washy*(나는 최근에 흑인 음악을 좋아하게 되었어요. 그전까지는 **조금 막연히 대충 알고** 있었죠).

He is a *wishy-washy* type of person(대충 넘어가는 타입입니다).

Don't be wishy-washy and make a careful plan <u>in advance</u>(대충 어떻게 되겠지 하지 말고). You need <u>to preplan</u> it(미리 준비할 필요가 있어요).

Don't make <u>an ad hoc</u> decision(임시변통적인 결정을 하지 마세요).

You will face the consequences(대가를 치르게 돼요).

You will <u>face the music</u>(당신은 자기 행동의 결과를 직면할 거요).

Think ahead/hard before you make any serious decisions(중대한 결정을 내리기 전에 미리 생각하세요).

□ **Willy-nilly**(아무렇게나/대중없이 대충/다짜고짜)

Do not put the books *willy-nilly* on the bookshelf. Put them in alphabetical order(책들을 **마구 책장에 던져 놓지 말고** 알파벳 순서대로 정리해요).

[CF. originally willy-nilly meant hesitantly, but now it means in a disorganized manner without direction or planning(wilily-nilly의 원래 뜻은 '아무 계획 없이 되는 대로', '대충'이라는 뜻입니다).]

When the student went to his first week in university, he started joining clubs *willy-nilly*(그 학생은 대학에 간 첫 주부터 **그냥 다짜고짜** 아무 클럽에 가입했어요).

I can't find my keys or my wallet because I just leave

Y를 알면 영어의 답이 보인다!

things scattered about *willy-nilly*(나는 열쇠를 찾을 수 없었어요. **아무렇게나** 던져 놓았기 때문이에요).

Politicians need to restrain themselves. They keep spending money on projects *willy-nilly*(정치가들은 자신들의 프로젝트에 **아무 계획 없이** 돈을 쓰는 것을 삼가야 해요).

□ Clumsy(서투른)

Most students are *clumsy* in using references when they first start their studies at university(대부분의 학생은 대학 생활을 시작하면 숙제할 때 인용에 **서투르죠**).

The job was done very *clumsily* by you. I am very bad at doing this job(내가 일을 잘 못해서 그 일은 아주 **서툴게 되어**버렸어요).

My husband is very *clumsy* when doing the dishes(내 남편은 설거지하는 데 매우 **서툴러요**).

A *clumsy* person always drops and spills things(그 사람은 손이 **서툴러서** 늘 물건을 떨어뜨리고 엎질러요).

□ Hasty(서두르는)

You tend to always be *hasty*(당신은 항상 **성급하게 구는 경향이** 있어 요).

Don't make haste. Don't rush(성급히 달려들지 마세요). Don't

hurry(서두르면 안 돼요).

He is always in a *hurry*. He is never relaxed(그는 늘 서둘러요. 느긋하지 못해요).

He needs to <u>take a rest</u>(쉴 필요가 있어요).

I am in a *hurry*. I've got to go(지금 서둘러서 가 봐야 해요).

I have to <u>hit the road</u>(차를 몰고 가 봐야 해요).

Please take your time. Slow down(시간을 들여서 천천히 해요).

Do not make a ***hasty*** decision(급하게 결정하지 마세요).

2) 능력이 많음을 긍정적으로 판단할 때

□ Brainy(머리가 좋은)

He is very smart, bright, brilliant and ***brainy***(그는 매우 **머리가 좋아요**).

In contrast, his son is <u>dumb and thick</u>(반대로 그의 아들은 머리가 나빠요).

I like <u>scholarly, intellectually astute</u> people, because they use their brain(나는 지적으로 총명한 사람을 좋아해요. 그들은 머리가 좋으니까요).

Y 를 알면 영어의 답이 보인다!

□ Savvy(전문가)

He is a computer *savvy*(그는 컴퓨터를 **전문적으로** 잘 다뤄요).

Generation Y has been characterised as media and internet *savvy*, as they have practical knowledge of how to handle computers very well(신세대는 인터넷에 **아주 능통하죠**. 왜냐하면 컴퓨터를 아주 잘 다룰 만한 실질적 지식을 갖고 있기 때문이죠).

Manufacturers and Industrial companies can learn from *savvy* Internet(제조업자들은 인터넷 **전문가들에게** 배울 수 있어요).

Tech-*savvy* students need a modern curriculum(테크놀로지에 **전문적인 지식이 있는** 학생들은 현대적인 커리큘럼이 필요해요).

□ Handy(편리해/능숙한)

He is a *handyman*. He can fix everything(그는 모든 걸 고치는 데 **능숙한** 사람입니다).

He is useful as he is a <u>go-getter</u>(다방면에 능통한 팔방미인이라 유용해요).

One thing that I like about Korea is that everything is so *handy*(한국에 대해 한 가지 좋은 점은 모든 것이 가까이에 있어서 **편리하다**는 점이죠).

Shops are open late at night so you can <u>get access to</u> shops very conveniently(가게들이 늦게까지 열어서 매우 편리하게 이용할 수 있어요).

In Australia, shops close early. Sometimes, it is <u>a real hassle</u> to drive somewhere to buy food(호주에서는 가게들이 일찍 문을 닫아서 때론 음식을 사러 멀리까지 운전해야 하는 번거로움이 있어요).

- <u>What a hassle</u>! It is a real <u>nuisance</u>(정말 번거로워! 귀찮아)!
- What a <u>nuisance</u>(귀찮아요)!

I always carry a pen in my handbag. It often comes in **handy**(나는 항상 펜을 백에 넣고 다녀요. 그것은 **정말 편리해요**).

I received a bath towel as a present. That will be **handy**(나는 목욕 타월을 선물로 받았어요. 그것은 **정말 편리해요**).

☐ Sassy(건방져/도도해)

She is so **sassy**(그녀는 **정말 도도해**).

New Yorkers are **sassy** and confident(뉴욕에 사는 사람들은 **약간 도도하고** 자신감이 있어요).

☐ Witty(재치 있어)

He is very **witty** and humorous(그는 매우 **재치 있고** 유머러스해요).

He loves to joke(그는 농담을 좋아해).

You are joking/kidding(너 농담하지).

Witty is *funny* in a clever way(**재치 있다**는 것은 영리하게 웃기는 것이에요).

4. 비/정상

사람이 정상적인 행동을 하는지, 아닌지를 판단하는 'Y'로 끝나는 표현을 알아봅시다.

1) 비정상적으로 행동할 경우

□ Fussy(야단법석을 떨다)

My mother-in-law is very *fussy*(나의 시어머니는 성격이 아주 **꼼꼼하고 까다로운** 분입니다). She always tastes a bit of fruit before she buys it(그녀는 과일을 사기 전에 꼭 한번 먹어 봐요).

The school excursion is still three weeks away but my son has already been ***making a big fuss*** about it(학교 소풍이 3주나 남았는데 내 아들은 미리부터 **호들갑을 떨고** 야단이지요).

My husband also ***makes a big fuss about*** small things(내 남편도 하찮은 일에 **야단법석을 떨어요**).
In contrast, my personality is very <u>laidback</u>. This opposite personality between us is a main source of our conflicts(반대로 내 성격은 너무 느긋합니다. 이 성격의 차이가 늘 우리 부부의 갈등의 원인이지요).

비슷한 표현으로 'Make a big deal'이 있습니다.

Y를 알면 영어의 답이 보인다!

They always <u>make a big deal out of nothing</u>(그들은 항상 아무것도 아닌 것을 크게 문제 삼아요).

Come on, don't ***make a big fuss*** out of nothing. Why are you <u>making a big deal</u> about it(제발 아무 일도 아닌 것에 **야단법석 떨지** 말아요. 왜 일을 크게 벌이세요)? That's no big deal. He is making <u>a storm in a teacup</u>(그건 아무것도 아닌데 그가 괜히 큰 헛소동을 벌이고 있는 거예요).

Don't be ***fussy over*** making food for me, as I am not that hungry(날 위해 요리하려고 **부산 떨** 필요 없어요. 배가 고프지 않으니).

I am not ***very fussy*** about correcting your grammar at this stage(이 단계에서는 문법을 고치려고 **부산을 떨** 필요가 없어요).

□ **Finicky**(까다롭다/까칠하다)

My girlfriend was so ***fussy and finicky*** all the time so we <u>broke up</u>(내 여자친구는 너무 **까다로워서** 우린 헤어졌어요).

I <u>was dumped</u> by my boyfriend(나는 내 남자친구에게 차였어요).

We <u>broke up</u> a couple of weeks ago but we <u>made up</u> soon after(우리는 몇 주 전에 헤어졌다가 다시 결합했어요).

Many children are **finicky** about their food, so they don't eat enough vegetables(많은 아이가 음식에 **까다로워서** 채소를 충분히 먹지 않아요).

They are so <u>picky</u> and <u>fastidious about food</u>(그들은 별스러워 음식을 가려 먹어요).

It is very ***finicky*** and laborious to fix up this resume(이력서를 고치는 것은 매우 **까다롭고** 힘들어요).

If you want to get a good job, the first thing you need to do is to polish your CV(Curriculum Vitae)(당신이 좋은 직장을 구하려면 이력서부터 고치세요).

☐ **Picky**(까탈스러운/고르는)

My son is too ***picky***/choosy with his food(나의 아들은 음식을 **골라** 먹어요).

My hubby is so <u>fastidious</u>(내 남편은 음식을 매우 가려먹어요).

[CF. hubby is an abbreviation of husband('Hubby'는 남편의 줄임말입니다).]

<u>When it comes down to</u> buying clothes, I am very choosy/**picky**(옷을 사는 데 관해서는 나는 매우 **까다로워요**).

He is usually <u>laidback</u> but <u>when it comes down to</u> money, he is very ***picky*** and critical(그는 대개 느긋하지만 돈에 관해서는 아주 **까다롭고** 꼼꼼하게 따져요).

Australians are usually <u>laidback</u>(호주인들은 느긋해요). '느

Y 를 알면 영어의 답이 보인다!

굿하다'를 'laidback'이라고 합니다.

<u>When it comes down to</u> learning English, there are no short cuts(영어 공부에 관한 한 왕도가 없어요).

□ **Choosey/Choosy**(고르는)

How is your <u>job hunting</u> going? You cannot be too *choosey*(일자리 찾는 건 어떻게 되어 가요? 이것저것 너무 **따지지** 마세요).

I have to be very *choosey* at this time when I am job <u>hunting/trying to find a</u> job(내가 이번에 직장을 잡을 때는 정말 **선별해야**겠어요).

When one is hungry, one <u>cannot afford to</u> be *choosy/* selective about one's food(사람이 배고플 때는 음식을 투정할 여유가 없지요).

□ **Loopy**(미친/미치광이)

The guy was a bit '*loopy*' which means he behaves crazily with strange acts("그 남자는 약간 **미치광이야**."라는 말은 이상한 동작으로 미친 것처럼 행동하는 것을 말합니다).

He will go *loopy* when he hears the news(그가 그 뉴스를 들었을 때 그는 거의 **미칠** 지경이었어요).

My boss will be *loopy* and <u>furious</u> when I refuse to do the work he has asked me to do(내 상사는 내가 그가 시킨 일을 거부했을 때 거의 **화가 나서 미친 듯이** 날뛰었어요).

I tried to reassure him that I'd be okay, but I was already acting *loopy* from the poison(나는 괜찮다고 그에게 안심시켰지만, 이미 그 독약으로 인해서 **미친 것**처럼 행동했어요).

□ Loony/Looney(미친/미치광이)

They are *loony*/*crazy* as their behaviour is strange(그들은 **미쳤어요**. 행동이 이상하니까요).

In the movie Hulk, the man goes *loony* when the moon changes(헐크 영화에서 그 남자는 달이 변할 때마다 **미치광이로** 변했어요).

He must be *a loony* because he grins at everyone(그는 **미치광이**임이 틀림없어요. 아무나 보고 헤벌쭉 웃으니까요).

Every family includes someone who's a little *loony* and eccentric(어느 가족이든 약간 **미친 듯이 이상한** 사람들이 있죠).

The bull *went loony* when he saw the red flag(그 황소는 빨간 깃발을 보자마자 **발광하기** 시작했어요).

□ Crazy(미쳐있는/미친/이상한)

I *go crazy* when my wife keeps demanding this and that(계속 이것저것 요구하면 **미쳐요**).

- She is very demanding(요구가 많아요).
- Doing assignments in Australian universities is very demanding and challenging(숙제를 호주 대학에서 하는 것은 굉장히 어려워요).

The crowd went *crazy* when the Beatles stepped out on stage(비틀스가 무대에 올라오면 관객들이 **미쳐 날뛰어요**).

She is *crazy* for him(그녀는 그를 너무 **미친 듯이** 좋아해요).

- He drives me nuts(그 인간 때문에 내가 못 살아).
- I am just <u>out of my mind</u>(나는 실성했어).
- I am <u>beside myself</u> with anger(나는 이성을 잃었어).
- I <u>go mad/nuts/bananas</u>(나는 극한의 상태야).
- The terrorist is a <u>lunatic</u> and a <u>moron</u>(그 테러리스트는 미치광이야).

□ Wacky(괴팍한/엉뚱한/뚱딴지같은/생뚱맞은)

Wacky means funny or amusing in a slightly *crazy* way('Wacky'는 우스꽝스럽고 재미있지만 약간 **생뚱맞은** 행동을 할 때 쓰입니다).

Some of his friends are pretty wild and *wacky* characters(그의 몇몇 친구는 정말 요란하고 **뚱딴지같은** 성격을 가지고 있죠).

'Wacky'는 사물에도 쓰입니다.

That motive was really *wacky* and strange(그 영화는 정말 **엉뚱하고** 이상해).

The question is, <u>why on earth</u> would rational, sane and sensible people be so influenced by <u>weird</u> and *wacky* stories(문제는 도대체 왜 지극히 합리적이고 정신이 멀쩡한 사람들이 그런 이상하고 **뚱딴지같은** 이야기에 휩쓸리냐는 것이죠)?

He has *gorgeous* hands, with some really *wacky* silver rings(그는 정말 예쁜 손을 가졌어. 그러나 끼고 있는 은반지가 약간 **생뚱맞게** 보이네).

I searched the web in an attempt to choose a school that didn't seem too *wacky*(나는 **너무 별나게 보이지** 않는 학교를 찾으려고 인터넷을 뒤졌어요).

□ Touchy(예민해)

I can understand your feelings but you are so *touchy/* sensitive and you are the type of person who <u>gets easily offended/hurt</u> by little things(나는 네 감정을 이해해. 그러나 너는 **너무 예민해**. 작은 일로 쉽게 상처받는 타입이야).

- <u>The way he talks</u> is very <u>provocative</u>(그가 말하는 말투가 너무 신경을 자극해).
- He <u>stirs me up</u> and I get <u>so upset</u>(그는 내 신경을 건드려서 정말 화가 나).
- When I feel like <u>enough is enough</u>, I <u>hit the roof</u>(내가 참다 참다 도가 지나치면 뚜껑이 열려). I <u>lose my temper</u>(감정을 자제하지 못하겠어).
- I <u>am about to</u> hit the roof/I am <u>about to</u> explode(나는 폭발 직전이야).

Y 를 알면 영어의 답이 보인다!

- He <u>is about to</u> go(그는 막 가려고 해). He is <u>on his way</u>(그는 가는 중이야). He has just gone(그는 방금 떠났어).
- I was <u>almost about to smack</u>/hit her but I stopped(나는 그녀를 당장 때리고 싶었지만 참았어).

☐ **Dreamy**(꿈꾸는 몽상가/비현실적인)

The girl is such a ***dreamer***. She is obsessed with a Hollywood actor(그녀는 너무 **공상만 잔뜩 갖고** 있죠. 할리우드 배우에 사로잡혀 있어요).

She was a ***dreamy*** young woman who never gave much serious thought to her future(그녀는 정말 **이루지 못할 꿈만 높아서** 자신의 미래에 대해 심각하게 생각하지 않아요).

Teenage girls have lots of <u>pipedreams</u>(십 대들은 여러 가지 공상이 많죠). They tend to imagine that they will be <u>swept away by a knight in shining armour</u>(그들은 백마 탄 기사가 나타나 자신을 데려가는 상상을 해요).

- 'Be realistic'. 'Come on, get real'. '<u>Wake up to yourself</u>'(제발 꿈 깨요).
- My husband is unrealistic and <u>up in the air</u> while I am a relatively <u>down to earth type</u>(내 남편은 비현실적이고 뜬구름 잡는 타입의 사람인 데 비해서 나는 비교적 현실적이고 세상 물정을 아는 사람이죠).
- These days, <u>contrary to</u> our expectations, girls are the ones who <u>pick up</u> the boys(요즘은 우리 기대와 달리 여자들이 남자들을 선택해요).

[CF. Pick up has several meanings(Pick up은 여러 가지 의미가 있어요).]

- I need to <u>pick up</u> my English(영어 공부할 필요가 있어).
- The economy is <u>picking up</u>(경제가 살아나고 있어요).
- will <u>pick you up</u> at seven(일곱 시에 데리러 갈게).

□ Shy/Coy(부끄러워하는/수줍어하는)

The Greek couple are very <u>outgoing, sociable and gregarious</u>(get along well) but the daughter is unusually *shy* and *coy*(그리스 부부는 아주 적극적이고 사교적이며 잘 어울리는데, 그 딸은 반대로 **아주 부끄러워하고 수줍음을** 타네요).

Don't be *shy*(부끄러워 마세요).

- She looked at him with a **coy** smile before approaching(그녀는 그에게 접근하기 전에 **수줍어하는** 미소로 그를 쳐다보았어요).
- Your buddy is being a little **coy** but he's hung around the wrong people long enough to pick up some information(너의 단짝은 약간 수줍음을 타지만 나쁜 애들과 충분히 오래 어울렸으니 뭔가 정보를 캘 수 있을 거야).
- Don't <u>be ashamed of</u> yourself when you make a mistake speaking English(영어로 실수할 때 부끄러워하지 마세요).
- What a shame! It was a terribly shameful/disgraceful experience(얼마나 수치스럽냐! 그것은 정말 수치스러운 경험이야).

□ **Sissy**(여자같이 수줍어하는)

The boy is a *sissy*. He cries like a girl(그 소년은 **수줍어하며** 여자같이 울어요).

He looks <u>effeminate</u> and <u>timid</u>. Everyone in his class <u>makes fun of</u> him(그는 여자같이 나약하고 의기소침해 보여요. 그래서 그 반의 모두가 그를 놀려요).

The other kids <u>laughed at</u> him and called him a sissy because he didn't like sports(다른 아이들은 그를 보고 여자 같다고 놀려요. 왜냐하면 운동을 좋아하지 않으니까요).

□ **Cheeky**(장난기 있는)

The baby is getting *cheeky*(그 애는 점점 **장난꾸러기** 같아요).

You are a *cheeky* boy(넌 정말 **장난꾸러기** 남자애야).

Look at that *cheeky* face. Are you playing a game with me(저 **장난기 있는** 얼굴 좀 봐. 너 나랑 장난치고 싶은 거지)?

Such a *cheeky* boy(저런 **장난꾸러기**)!

□ **Rowdy**(시끄럽게 떠드는)

I have *rowdy* neighbours. They are very noisy(내 이웃은 정말 **시끄럽게 떠드는** 사람들이야).

In Australia, you can usually <u>make a big noise when</u> you have a party at the weekend(호주에서는 주말에 파티할 때는 시끄럽게 해도 돼).

<u>Other than the weekend</u>, you've got to be careful(주말 말고는 조심해야 해). You need to have a chat with your neighbours <u>beforehand</u>(이웃에게 미리 귀띔해 주어야 해). Otherwise, they will <u>report</u> you to the police(그렇지 않으면 경찰에 신고해).

Other <u>than that/apart from that</u>, everything is ok for me(그것만 빼면, 모든 것이 좋아).

'신고하다'와 관련해서 자주 쓰는 표현으로 'tip off'라는 표현이 있습니다.

- If you come <u>across</u> North Korean spies, please <u>tip off</u> the police(북한 스파이를 보면 경찰에 신고해).

쓸데없이 고자질하는 것은 'Snitch on'이란 표현을 씁니다.

- The young lady used to work with me. She always caused trouble for me by <u>picking on</u> the small mistakes I made and <u>snitching</u> to my supervisor(그 젊은 여자애는 나랑 같이 일했어요. 그런데 항상 내가 한 조그마한 실수를 내 상사에게 고자질하여 나를 곤란하게 만들었어요).

- I scolded my son very harshly because he <u>snitched</u> to others about my mistakes(나는 내 아들을 심하게 야단쳤어요. 왜냐

Y를 알면 영어의 답이 보인다!

하면 그가 내 실수를 다른 사람에게 고자질했기 때문이에요).

- You <u>snitched on</u> me to your mum. You little <u>snitch</u>. I will never tell you anything again(너는 네 엄마에게 나를 고자질 했어. 나는 이제 절대 너에게 아무 말도 하지 않을 거야)!

□ Chatty(수다 떠는)

My wife is quite *chatty* and <u>talkative</u>(내 아내는 아주 말이 많은 **수다쟁이**예요).

She is a very *chatty* person(그녀는 정말 **수다스러워요**).

Can I have a chat with you? Can I <u>have a word</u> with you(**이야기** 좀 할 수 있어요)?

Let's have *a chit chat* at the weekend(주말에 **수다** 좀 떨어요).

He is usually <u>quiet</u> but when it comes down to *footy* games, he becomes very *chatty*(대개 그는 조용한 성격이지만, 축구 게임 이야기가 나오면 **엄청 수다스러워요**).

□ Bubbly(입에 거품을 물 정도로 말이 많은)

We were greeted by two very *bubbly* members of the check-in staff working on the counter(우리는 계산대에서 일하는 두 명의 **재잘거리는** 스태프에게 인사를 받았어요).

The people we see are nearly always ***bubbly***, and *giggly*(우리가 본 사람들은 늘 **조잘거리며** 키들키들 웃었어요).

My husband is usually very quiet but <u>*when it comes to*</u> political issues he becomes very ***bubbly***(나의 남편은 대개 조용하지만, 정치적인 문제만 나오면 **입에 거품을 물** 정도로 말이 많죠).

2) 표준에 맞는 정상적인 행동을 표현할 때

□ Tidy(깨끗하게 정돈된)

My husband's personality is totally the <u>opposite of mine</u>(내 남편의 성격은 나와 전혀 달라요). He is a ***tidy and orderly*** type of person but I am very <u>laidback</u> and ***untidy***(그는 굉장히 정리를 잘하는 사람이고 반대로 나는 성격이 느긋하고 좀 너저분한 편이에요).

The wheelie look quite ***tidy*** along the lanes(바퀴 달린 쓰레기통들이 도롯가에 나란히 **깨끗하게** 세워져 있어).

He has ***a tidy*** appearance because he refrains from drinking alcohol(그는 술을 안 먹어서 그런지 용모가 **깨끗해** 보여).

The house is in ***a tidy*** condition for the next occupant(다음 사용자를 위해서 **깨끗하게** 청소되어 있어).

□ Funny(웃겨)

The American is so ***funny***(그 미국인은 대개 **웃겨요**). The

를 알면 영어의 답이 보인다!

clothes he wears, <u>the way</u>* he acts and speaks is so *funny*(입은 옷, 말하고 행동하는 투가 너무 **웃겨요**).

- Do not take his words personally, that is <u>the way</u> he speaks to everyone(그의 말을 개인적으로 듣지 마세요. 그것이 그가 누구에게나 말하는 방식이에요).
- I was very offended by <u>the way</u> he treated me(나는 그가 나를 대하는 방식 때문에 상처받았어요).

I watched a comedy yesterday. It was so *funny*(어제 코미디를 봤는데 정말 **웃겨요**).

It was a **funny** story(그건 <u>웃기는</u> 이야기요).

Funnily enough, he denies his mistakes(정말 웃기게도 그는 자기 실수를 부인해요).

It is so *funny* and I was <u>cracking up</u> so much it felt like my tummy was about to burst(나는 너무 **우스워서** 깔깔대고 웃는 바람에 배가 아파서 죽는 줄 알았어).

- You <u>crack me up</u> so much that I have a *tummy* ache. My *tummy* is aching(너무 웃겨서 배 아파서 죽는 줄 알았네).

□ **Customary**(관습적이야)

It is very *ordinary/normal* in Korea, that children bow to their parents during New Year's holiday or Thanksgiving Day(한국에서는 아이들이 설이나 추석 때 부모들에게 절하는 것이 **관례지요**).

That's the *usual phenomenon*(그건 보통 있는 현상이요).

It is **customary** that he acts like that. It is customary behavior(그가 그렇게 행동하는 것은 **통상 있는** 일이요).

5. 비/결단력

어떤 사람이 결기나 인내로 끈기 있게 열심히 하는지, 그렇지 않은지를 표현할 때 씁니다.

1) 결단력이 있고 꾸준히 하는지의 행동을 판단할 때

□ Steady(안정적인/꾸준한)

He studies very *steadily*. He is so <u>serious and studious</u>(그는 아주 **꾸준히** 공부해요. 착실하고 학구적인 학생입니다).

- This will <u>serve him in good stead</u> in the long run(이것이 결국 그를 잘되게 할 거예요).
- Learning to use a computer will <u>serve you in good stead</u>(컴퓨터를 배우면 결국 나중에 많은 도움이 될 거요).
- Boys tend to be less <u>tenacious</u> than girls. They cannot keep their bums on their seats. They are easily distracted(남자아이들은 여자아이보다 좀 덜 끈질긴 경향이 있어요. 그들은 계속 자리에 앉아있지 못하며 쉽게 주위가 흐트러져요).

'안정적'이라는 뜻도 있어요.

He is *steady* and stable(그는 꾸준하고 **안정적**입니다).

The couple has a *steady* relationship(그 부부는 **안정적인** 관계를 유지해요).

Now I have a *steady* job(나는 지금 **안정적인** 직업을 갖고 있어요).

There is a *steady* table in the house(그 집에는 **안정된** 테이블이 있어요).

2) 게으른 행동을 판단할 때

□ Scatty(주의가 산만한)

<u>Pay attention to</u> the ball when you play tennis(테니스 칠 때 공에 좀 신경 쓰세요).

You <u>make the same mistakes</u>(항상 똑같은 실수를 반복하잖아요).

You are so *scatty*. You are thoughtless(너는 정말 **주의가 산만하고** 생각이 짧아).

In general, girls are more <u>tenacious/determined</u> than boys(대개 여학생이 남학생보다 더 끈질겨). That is why girls usually excel over boys(그래서 항상 여학생이 남학생보다 더 월등해).

Boys tend to be *scatterbrained*(남학생들은 머리가 차분하지 못하고 **산만한 경향이** 있어). They don't care much. They don't <u>concentrate on</u> their work much(일에 집중을 잘 못 하지).

□ Silly(어리석은)

He is a *silly* boy(그는 어리석은 소년입니다).

That's *bloody* (extremely) stupid and *silly*(그것은 정말 어리석은 행동이네요).

Your behaviour is *silly*. Don't be a *silly billy*(제발 어리석게 굴지 마).

You are behaving in a somehow *silly* way today(너 오늘 정말 조금 어리석게 군다).

□ Lazy(게으른/나태한)

He is a *lazy* bum(그는 게을러요). He watches videos to <u>kill time</u> instead of studying(공부는 안 하고 시간만 때우려고 비디오만 봐요).

He is so <u>slack</u> these days(최근에 너무 느슨해졌어).

'Slack'이라는 표현은 '게으르고 나태한'이라는 뜻으로 많이 쓰입니다. 사물에서는 '질이 안 좋은'의 뜻으로 쓰입니다.

I notice that some students' work is so <u>slack</u> in their assignments(몇몇 학생의 숙제가 정말 대충인 걸 보게 돼).

After I complete the course, I have been <u>slack</u> lately(그

코스가 끝나고 나서 나는 최근에 좀 느슨해지고 나태해졌어).

- You have arrived so early. You are *an early bird*(오늘 일찍 왔네. 정말 일찍 일어나는 사람이구나).
- There is an old proverb that says an *early bird* catches the worm(속담에 일찍 일어나는 새가 큰 먹이를 잡는다는 말이 있지).
- *Early bird* registrations for the conference can get discounts(학회에 일찍 등록하면 회비를 조금 할인받아).
- First come first served(선착순이야).

□ Tardy(늦은)

You will be courteous if you leave room for someone who might be just a bit *tardy* because of the traffic(교통 때문에 약간 **늦는** 사람들을 위해 자리를 비워두면 아주 예절 바른 거지요).

Generally speaking, people are *tardy*/slow in paying their bills(일반적으로 말해서 사람들은 세금을 내는 것이 **느리죠**).

무언가를 열심히 해서 얻는 결과가 아니라 우연히 소발에 쥐잡기로 무엇을 얻었을 때 하는 표현인 'Fluke'와 관련된 표현을 알아봅시다.

- It is <u>such a fluke</u> that he won the lotto(그는 소발에 쥐잡기로 로 또에 당첨되었어요).
- He passed the most competitive exam. <u>What a fluke</u>(그 는 가장 경쟁이 심한 시험에 통과했어요. 정말 소발에 쥐잡기지요)!
- It was <u>just a fluke</u> to have received such a highly

Y 를 알면 영어의 답이 보인다!

contested scholarship(그런 어려운 장학금을 받다니 정말 우연입니다).

- It is an unexpected <u>windfall</u>. It is such a <u>fluke</u>(정말 기대하지 않은 대박으로 소발에 쥐잡기 식의 행운이지요).
- They are determined to show that their last win was <u>no fluke</u>(그들은 그들의 마지막 승리가 우연이 아님을 보여 주려고 결심했어요).

□ Lousy(형편없는/불성실한/질이 떨어지는/나태하고/게으른)

You are so *lousy* and **sloppy**(너는 정말 **형편없는** 작자야). You need to <u>pull your weight</u> more(제발 좀 열심히 일해/공부해).

He is a *lousy* player(그는 운동선수이지만 **열심히 하지 않아**).

He is a *lousy* manager, because he did not reply to my emails(그는 좀 **불성실한** 매니저야. 왜냐하면 내 이메일에 답장하지 않았어).

This is a *lousy* piece of work(이것은 정말 **대충하다가** 만 일 같아).

사물에도 쓰입니다.

The weather is lousy today(오늘 날씨는 정말 **형편없어**).

E if the proposal contains *lousy* strategies, I am going to read it(그 제안이 설사 **형편없는** 계책을 담고 있어도 그걸 읽으려고 해).

☐ Crummy/Crumby(낡아 너덜거리는/후지는/허접한)

1 star hotel is an example of a *crummy* hotel(별 한 개 호텔은 **후진** 호텔의 한 예지요).

When I visited Buda in Hungry, most buildings looked *crummy*(내가 헝가리 부다를 방문했을 때, 모든 건물이 대체로 후졌어요).

비슷한 단어로 *crumby*가 있습니다. 발음할 때 'b'가 묵음인 것에 유의하세요.

The dry cleaner did a *crumby* job of pressing my suit(그 세탁소 주인은 내 양복을 구겨 완전히 **형편없게** 만들었어요).

☐ Sloppy(칠칠찮고 게으른)

My daughter is so lazy and *sloppy*(내 딸은 정말 게으르고 **칠칠찮아**).

However, my son is a <u>hard worker</u>(그러나 내 아들은 열심히 일해).

The players have to know that I <u>will not stand for</u> things being too *sloppy* for too long(그 운동선수들은 내가 그들의 질질 끄는 **게으른** 작태를 더 이상 주시하지 않을 것임을 명백하게 알아야 할 것이야).

Y 를 알면 영어의 답이 보인다!

사물에 대해서도 쓰입니다.

Young people's English is a bit *sloppy*(요즘 젊은이들의 영어 발음이 어째 **어눌해**).

He did a *sloppy* job(그는 일을 **칠칠치 못하게 처리해**. 똑 부러지지 못하고).

03

사물을 평가할 때
(APPRECIATION)

이제는 사람을 평가하는 대신 사물이나 일의 과정 등을 평가하는 것을 알아봅시다(Appreciation is used for **assessing things, people's appearance, processes and entities**). 다음의 세 종류로 분류됩니다.

Ab/normal: Normality

1. 역/반응

반응은 사람이 뭔가를 좋아하거나, 싫어하거나 또는 사람들의 주목을 끄
나, 안 끄나에 관심이 있어요. 다음의 여러 가지로 세분화될 수 있습니다(It is
concerned with whether people **like or dislike something** and whether
things grab people's attention or not. This can be divided into several
subcomponents).

1) 사람의 외모를 평가할 때
(Describing people's appearance)

☐ Shabby(초라한/단정치 못한)

She wears ***shabby*** old jeans(그녀는 다 낡아 빠진 **허름한** 청바지를 입
었네요). She is poorly dressed(그녀는 옷을 참 초라하게도 입었어요).

The old man looks ***shabby*** and *scruffy*(그 노인네는 정말 **초라하
고** 누추해 보여요).

You look very ***shabby*** today(너는 오늘 어째 좀 꺼칠하고 **초라해** 보
이네).

Y를 알면 영어의 답이 보인다!

□ Bushy(부스스해 보이는)

I had my hair cut today, because my hair was too *bushy*(나는 오늘 머리를 깎았어. 왜냐하면 머리가 **덥수룩**해서).

I have become *bushy* of eyebrow, grey of hair, dry of skin and plump of middle(나는 눈썹도 **부스스하고** 머리도 희고 피부도 거칠어진 축 처진 중년이 되어 있네).

You have a *bushy* beard(너는 수염이 **너무 많이** 자랐어).

□ Spiky(뻗치는/뻣뻣한)

After I got my hair cut, I realised that my hair style was too *spiky*(내 머리를 깎은 후에 내 머리 스타일이 너무 뻗치고 뻣뻣하다고 느꼈어).

I don't feel comfortable with that(그래서 편하지 않아요).

He was quite tall and had *spiky* brown hair(그는 키가 크고 **삐죽삐죽한** 갈색 머리를 하고 있었어).

□ Cutey/Cute(귀여운)

The baby looks so *cute*(그 아기는 정말 **귀여워**).

You are such a *cutey*(너 정말 **귀여운** 사람이야).

He is <u>gorgeous</u>(멋져). He is a good looking guy(그는 잘생겼
어).

An example of a *cutey* is a charming little girl in
pigtails who everyone thinks is delightful(**귀여운** 소녀의 예는
머리를 양 갈래로 땋은 매력적인 작은 소녀를 볼 때인데 모두가 보고 좋아하지요).

□ **Chubby**(얼굴이 통통한/토실토실한)

I feed the baby very well. His face looks so *chubby*(내가
그 아이를 잘 먹여서 얼굴의 **살이 통통하게** 보여).

The baby is <u>plump</u>(그 애는 토실토실해).

I like my baby's *chubby* cheeks(나는 아기의 **통통한** 볼이 좋아).

When you have a toddler who is round and <u>plump</u>, this
is an example of someone who would be described as
chubby(아이의 얼굴이 동글동글하고 **통통할** 때 바로 오동통하다는 표현을 씁
니다).

□ **Fatty**(기름기 많은/살찐)

Move around as much as you can so that you can lose
weight on your *fatty* body(많이 움직이세요. 그래야 살찐 부분이 빠
지죠).

Don't eat too much *fatty* food. If you <u>indulge in</u> fatty food, then you tend to put on weight(**기름진** 음식을 너무 많이 먹지 마세요. 너무 그런 음식을 좋아하면 살쪄요).

'Indulge in'은 부정적인 평가의 뜻으로 '너무 좋아한다'라는 뜻입니다.

□ Flabby(근육이 늘어져 출렁거리는)

Look at the fat lady! Her arms are so *flabby*(저 뚱뚱한 여자봐. 팔이 **출렁출렁**하네).

He lost so much weight that he was able to transform his *flabby* body into a muscly body(그는 몸무게를 줄여서 그의 **출렁거리던** 몸을 완전히 근육질로 바꿨어).

She was carrying about ten pounds overweight, but she looked sturdy rather than *flabby*(그녀는 십 파운드 정도 몸무게가 더 나가는데도 오히려 **축 늘어져** 보이기보다는 단단해 보여).

□ Skinny(빼빼한)

You have become so *skinny*. You are so slim(너는 정말 **빼빼해**. 정말 날씬해).

□ **Boney**(피골이 상접한)

Look at your **boney** arms(너의 **피골이 상접한** 팔을 좀 봐)!

□ **Muscly**(근육질의)

My favourite movie star is Song Il-Guk. He looks so cool, and handsome. He is also so **muscly**/muscular(제가 좋아하는 영화배우는 송일국인데 그는 정말 멋있고 잘생겼어요. 그는 또한 **근육질** 이죠).

Since I enrolled at a gym/fitness club/sports centre last year, I have been exercising very hard to make myself fit and *healthy*(나는 작년에 스포츠 센터에 등록한 후부터 건강해지려고 운동을 쭉 열심히 해 왔어).

'fit'은 여러 가지 뜻이 있습니다. ① You need to fit in this new environment(새 환경에 잘 적응하다), ② These clothes do not fit you(그 옷은 당신에게 잘 안 어울려요), ③ She had **a fit** when she heard that you made such a silly mistake(네가 실수했다는 소리 듣고 부들부들 떨 정도로 성내다), ④ She suffers from an epileptic fit(그녀는 간질 발작으로 고생해요), ⑤ It is very important for elderly people to keep themselves fit and healthy(노인네들이 건강을 유지하는 것은 매우 중요하지요).

Y를 알면 영어의 답이 보인다!

□ Manly(남자다운)

He can look so *manly* when he lifts heavy stuff(그가 무거운 것을 들어 올릴 때 그는 정말 **남자다워** 보여요).

He was so attractive that I have become completely drawn to a movie star like him(그가 너무 매력적이라 그 남자 같은 영화배우에게 완전히 끌려들어 갔어요).

The female singer has a *manly* voice(그 여가수는 **남자 같은** 음성을 가졌어요).

The male singer sang a *girly* song(그 남자 가수는 여자 같이 노래를 불러요).

□ Sporty(운동을 잘하는)

He is *sporty*. He likes all types of sports(그는 **운동을 좋아하는** 타입이라 모든 종류의 운동을 좋아해요).

He is so big and *mighty*. He has a big build(그는 체구가 엄청나게 크고 건장해요. 그는 덩치가 커요).

Don't do too much exercise. Like taking drugs, exercising is also addictive. You become <u>an addict or you get addicted</u>. You have become a <u>gym junkie</u>(너무 운동을 많이 하지 마. 마약처럼 운동도 중독이야. 너는 운동광이 될 거야).

□ Perky(항상 정력이 넘치는/탱탱한)

Look at the model. She is so hot and *steamy*. She is so <u>vigorous</u> and ***perky***(저 모델을 봐요. 아주 섹시하죠. 그녀는 활기차고 **쭉쭉빵빵**해요).

Her nipples are ***perky***(그녀의 젖꼭지는 **팽팽해요**).

My husband is already <u>out of steam</u>(내 남편은 완전 힘이 빠졌어요).

He used to be full of steam. He is not strong any more. <u>He is over the</u> hill(그는 옛날에 펄펄 날았으나 지금 힘이 빠져서 퇴물이 되었어요).

2) 음식을 묘사할 때(Describing food)

□ Greasy(기름진)

Chinese food is usually very *oily* and ***greasy***, whereas Japanese food is simple, mild, bland and less *spicy*(중국 음식은 대개 **기름기가** 많은 반면에 일본 음식은 담백하고, 순하고 별로 강하지 않죠).

□ Chilly(매운)

Korean food is usually very hot and *spicy*, because it has lots of chilies in it. The food is too *salty*(한국 음식은 대개 **맵고** 강하죠. 왜냐하면 매운 고추를 많이 쓰니까요).

Y를 알면 영어의 답이 보인다!

[CF. In Autumn or Australia, the weather gets crisp and *chilly* in autumn('chilly'를 날씨에 쓰면 '쌀쌀하다'라는 뜻입니다. 가을 날씨는 좀 스산하고 쌀쌀하죠).]

☐ **Sugary**(단맛의)

The food is too *sugary*/sweet(이 음식은 **너무 달아요**).

Sweets, cakes, chocolate and biscuits are all examples of *fatty* and *sugary* foods(사탕, 케이크, 초콜릿 그리고 비스킷 등은 모두 지방질의 **단** 음식입니다).

They are all <u>junk</u> food and rubbish(그것은 모두 쓰레기 같은 음식들이죠).

'Junky/Junkie'는 '마약 중독자'라는 뜻입니다.

Heroin *junkies* are wasting their lives(마약 중독자는 생을 낭비하는 거죠).

☐ **Tangy**(톡 쏘는 맛)

Mustard is *tangy*(겨자는 **톡 쏘는** 맛이 있어요).

The Indian food has a *tangy* taste and flavour, a bit like rocket(인도 음식은 마치 로켓같이 **톡 쏘는** 얼얼한 맛과 향이 있어요).

□ **Crunchy**(바삭바삭한)

I love potato chips because they are ***crunchy*** and crispy(나는 감자 칩을 좋아해요. 왜냐하면 **바삭바삭하게** 씹히니까요).

The cabbage should be slightly ***crunchy***, not soft(그 배추는 약간 **바삭거려야** 해. 너무 물렁물렁하지 않을 정도로).
Add the spring onions and remove the pan from the heat so that they remain ***crunchy***(양파를 넣고 프라이팬에서 열을 없애요. 그래야 **바삭한** 맛이 나요).

'Crunchy'는 '어려울 때'라는 다른 뜻도 있어요.

[CF. He is very lazy but when it comes to <u>crunch time</u> he performs very well(그는 정말 게을러요. 그러나 힘들 때 대단한 업적을 남겼어요).]

□ **Chewy**(계속 씹어야 할 정도로 질긴)

The meat is not tender/soft and it is very ***chewy***(그 고기는 부드럽지 않고 **매우 질겨요**).

The cooled caramel will be hard and ***chewy*** at the low temperature(그 캐러멜은 낮은 온도에서는 딱딱하고 **질겨져요**).

□ **Watery**(국물 있는/물컹한)

The Chinese cabbage is very ***watery*** because it is out of season(그 배추는 아주 **물컹해요**. 왜냐하면 제철이 아니니까요).

Y를 알면 영어의 답이 보인다!

Korean people like *watery* soup(한국 사람들은 **국을 좋아하죠**).

□ **Yummy**(어린이 용어의 '맛있는')

My wife is a good cook. The food she cooked is so *yummy*(내 아내는 요리를 잘해요. 그녀가 요리한 것은 다 **맛있어요**).

I am already <u>drooling</u>. <u>Stop drooling</u>(나는 이미 침이 질질 흘러요. 침 흘리지 마).

Almonds and cinnamon make this chocolaty beverage yummy(아몬드와 계피는 이 초콜릿 음료를 정말 맛나게 해요).

- Can you give me some tips on how to cook(너 그걸 어떻게 요리하는지 비결을 가르쳐줄래)?
- The secret is that you need to <u>marinate with the right seasoning</u>(비밀은 간을 맞춰서 양념하는 거야).
- Your seasoning is just right. I am good at seasoning(너는 간을 잘 못 맞춰. 나는 간을 잘 맞춰).

□ **Yucky**(어린이 용어의 맛없는)

Korean food is very *yummy* but that soya bean paste is still too *smelly* and *yucky* for me(한국 음식은 맛있지만, 된장은 냄새가 너무 나서 **별로 맛이 없어**).

The water was *dirty* and smelled *yuck*(그 물은 더럽고 냄새가 **고약해**).

I felt *yucky* after eating all that cake(나는 케이크를 먹고 나면 **별로 기분이 안 좋아**).

□ Tasty(맛 좋은/취미에 딱 맞는)

I love Korean barbecue. It is really *tasty*(나는 한국 불고기를 좋아해. 너무 **맛있어**).

The food you cook is really *tasty*(네가 요리한 음식은 너무 **맛있어**).

While the food is delicious to you, it is <u>tasteless</u> to me(그 음식은 너에게 맛있는지는 모르겠지만, 나에게는 아무 맛이 없어).

'Tasty'는 음식이 아닌 다른 것에도 쓰입니다.

I don't *<u>have access to</u>** my computer now and download movies, but the movie 'Robot Cop' sounds very *tasty*(나는 현재 컴퓨터를 사용해서 영화를 볼 수는 없지만, 로보캅 영화는 내 취미에 **딱 맞는 것** 같아).

'Access'는 타동사이므로 전치사와 같이 쓰지 않습니다. 그러나 명사로 쓸 수는 있습니다.

Users can <u>access</u> the internet or users can <u>get/have/gain access to</u> the internet. 그러므로 'Access to'는 틀린 문법입니다.

Y를 알면 영어의 답이 보인다!

☐ **Sticky**(끈적끈적한/달라붙는/상황이 판단하기 어려운)

Australians don't seem to like *sticky* rice cake(호주인들은 **찹쌀떡**을 별로 좋아하지 않는 것 같아요).

I have *sticky* fingers(내 손이 **끈적거리며** 들러붙어요).

The room has *sticky* surfaces(그 방은 표면이 **끈적거려요**).

Sticky는 판단하기 까다로운 뜻입니다. This is a *sticky* situation means that this is a difficult or unpleasant situation(이것은 판단하기 **참 어려운** 상황입니다).

☐ **Savoury/Savory**(맛이 좋은/향이 좋은)

The food is so *savoury*(그 음식은 맛이 좋아요).

I think there are some distinctions between 'sweet' and '*savory*', but sometimes people use the terms loosely(내 생각엔 'sweet'와 'savory' 간에 차이가 있어요. 그러나 때때로 두 단어는 별 차이가 없이 쓰여요).

A *savory* food can also be *salty* or *spicy* but generally a sweet food just leans toward the *sugary* side(맛있는 음식은 짜거나 매울 수 있어요. 그러나 단 음식은 단순히 설탕을 많이 써요).

Compared with/to* Korean food, Australian food is less salty but more sugary.

□ **Juicy**(즙이 많아)

The fruit is so *juicy*. It is <u>succulent</u>(그 과일은 **즙이 많아서** 상큼한 맛이 나요).

We had *juicy*, delicate king fish with a good coating of subtle native spices(우리는 있는 그대로 조금 양념을 한 **촉촉하고** 고급스러운 최고의 생선을 먹었어요).

The only rule is not to add wet ingredients, such as tomatoes, which are too *juicy*, otherwise the pizza becomes *soggy*(조심할 것은 토마토처럼 **물이 나오는** 재료를 쓰지 말아야 한다는 점이에요. 그렇지 않으면 피자가 축축해져요).

We had *juicy* gossip about one of the contestants, Michelle(경쟁자 중에서 미셸에 관한 진한 소문이 있어).

□ **Slimy/Slimey**(끈적끈적한/점액질의)

The eels are very *slimy*(그 장어는 **미끌거려요**).

I hate eating raw octopus. It is too *slimy*(나는 산낙지를 먹는 건 질색이에요. 그건 너무 **미끌거려요**).

Y를 알면 영어의 답이 보인다!

Toads are not *slimy* or warty and do not jump like frogs(두꺼비는 **미끌거리지도**, 사마귀 투성이도 아니고 개구리처럼 뛰지도 않아요).

The sea creature was huge, hairy, and very *slimy*(그 해산물은 크고 털이 있으며 매우 **미끌거려**).

□ Soggy(축축한)

If you put tomatoes in a sandwich, it gets *soggy* and *sloppy*. I don't like it(만약에 토마토를 샌드위치 속에 넣으면 **축축해지죠**. 별로 안 좋아해요).

Take care to clear up all the shattered pieces. They become very *soggy* on melting(부서진 조각들을 조심해서 다 치우세요. 녹으면 **축축해지기** 때문이죠).

Soggy soil is a clever ecological solution for shade lovers(**젖은** 토양은 그늘을 좋아하는 사람들에겐 생태학적으로 아주 훌륭한 처방이지요).

In the living room the curtains smell like birds' poo and are all *soggy* and wet(거실의 커튼이 새똥 냄새가 나고 **축축하게** 젖어 있네).

3) 방이나 집 등의 장소를 기술하고 싶을 때
(Describing places such as rooms houses)

□ **Dusty**(먼지가 많은)

Your room is so *dirty*. The windows are so ***dusty***(네 방은 너무 더러워. 창문은 **먼지가 많이** 쌓였네).
Look at the dust on the furniture(저 가구의 먼지 좀 봐).

□ **Messy**(더러운/엉망인)

Your room is so ***messy***. It <u>stinks</u>. It is *stinky*(네 방은 너무 **더러워**. 냄새가 지독해).

It is <u>gross</u> and repulsive(정말 역겹도록 냄새가 나). 발 냄새 등의 냄새가 심하게 날 때는 'gross'를 씁니다.

Please *tidy up* your room(제발 좀 치워라).

Does the presence of customers make the shop look ***messy***(고객이 있으면 그 가게가 더 **엉망으로 보여**)?

She has ***messy*** handwriting(그녀는 쓰기가 **엉망이야**).

They have been through a ***messy*** divorce(그들은 정말 이혼을 **엉망진창**으로 했어).

□ **Filthy**(불결한/오염된)

The <u>shanty towns</u> are very ***filthy*** and *dirty*(그 달동네는 정말 불결하고 더러워).

When you travel by train, you can see that <u>stacks of</u> rubbish are <u>littered around</u> the railway(기차로 여행하다 보면 쓰레기가 철로가에 지저분하게 흩어져 있는 걸 보게 돼). It is <u>an eyesore</u>(정 말 눈에 거슬려).
Your room is so *dirty* and *untidy*(네 방은 정말 더럽고 너저분해).

Every time I see your room, I <u>frown</u>(네 방을 볼 때마다 내 눈이 찌푸려져).

Your hands are ***filthy***. Go and wash them immediately(네 손은 너무 더러워. 즉시 가서 씻으렴)!

□ **Grotty**(불결한/불유쾌한)

The rubbish bin is ***grotty*** and *smelly*(그 쓰레기통은 정말 **불결하 고** 냄새나).

Redfern is a ***grotty*** part of Sydney(레드펀은 시드니에서 지저분한 곳이야).

Lack of sleep not only makes you feel ***grotty***, it <u>leads to</u> a suppression of the immune system(잠이 모자라면 너를 **불 유쾌하게** 할 뿐만 아니라 면역 체계를 약하게 만들어).

From the outside, the upper floors looked fairly *grotty* but the ground floor was quite grand(밖에서 보면 위층은 **지저분해** 보이나 밑층은 아주 웅장해).

It is a standard hospital, the quality is cheap and basic according to some, pretty *grotty* according to others(어떤 이는 그 호텔이 표준이고 질도 좋다고 하나 다른 이들은 상당히 **불결하여** 질이 떨어지는 곳이라고 해요).

☐ Smelly(냄새나는)

Your room is *smelly* because your carpet is so old. It is so *musty*(네 방은 **냄새가 나는데** 그 이유는 카펫이 오래되어서 완전히 곰팡이의 퀴퀴한 냄새가 나).

That is <u>gross</u> and disgusting(그것은 정말 억겨워).

Yuck. Your feet are *smelly* and <u>gross</u>(너 정말 발 냄새가 지독해).

Get the job done very quickly and the tray doesn't get **smelly**(그 일을 빨리해서 그 접시에 **냄새가 배지** 않도록 해).

☐ Musty(퀴퀴한 곰팡내가 나는)

Houses in Australia are very dark. They are *musty* and <u>damp</u>(호주의 집들은 대개 컴컴해서 **퀴퀴한 냄새**가 나고 눅눅해요).

It is very <u>damp</u> and humid especially during the *rainy*

Y를 알면 영어의 답이 보인다!

season(장마철에는 특히 눅눅하고 습기가 많아요).

Many houses get <u>moldy</u> because of the humidity(많은 집에서 습기 때문에 곰팡이가 피어요).

Inside we found a slightly *musty* pub with walls covered with beer mats(우리는 안에 맥주 모양의 천으로 장식된 벽이 보이는 **퀴퀴한** 냄새가 나는 술집을 발견했어요).

Don't feed hay which is *dusty*, or smells *musty*(먼지가 많고 **퀴퀴한** 냄새가 나는 건초를 먹이지 마세요).

□ Murky(부옇게 흐림)

The water in the swimming pool will get *murky* if you do not put chemicals in during the summer(만약 여름에 화학 약품을 넣지 않으면 수영장 물이 **부옇게** 돼요).

The afternoon was cloudy with a slight shower later and became *murky* toward evening(오후에 약간의 소나기와 함께 구름이 끼어서 저녁에 **흐려져요**).

With all these hidden cards, things can get pretty *murky*(카드 속에 숨겨져 있어서 그 일이 아주 **흐릿하게** 보여요).

Today was very *murky*. I was surprised the picture came out at all(오늘 날씨가 **어두컴컴한데도** 사진이 잘 나와서 놀랐어요).

□ **Muggy**(무더운)

What is the weather like in Korea? Korea has four distinct seasons(한국 날씨는 어때? 한국은 사계절이 뚜렷해).

The summer is very hot, humid and *sticky*(여름은 매우 덥고, 습기가 차고 땀이 나서 끈적끈적해).

The summer is *rainy* when we have the rainy season. In summer, the weather is so <u>damp</u>(여름은 장마철이라 비가 많이 와. 그래서 날씨가 눅눅해).

It is a bit ***muggy*** outside(바깥이 좀 **무더워**).

4) 장소나 영화 장면을 묘사할 때 (Describing places and movies)

장소나 영화를 평가할 때 많이 쓰는 단어 중에서 우리의 불안전한 감정을 표현하는 'Y'로 끝나는 표현을 배워 봅시다.

□ **Creepy**(섬찟한/오싹한)

The movie is a bit ***creepy***(그 영화는 **섬뜩해**).

The big doll looks ***creepy***(그 큰 인형은 어째 좀 **섬찟해**).

I heard some strange noises. It was pretty ***creepy***(좀 이상한 소리를 들었는데 어쩐지 **등골이 오싹해**).

Y를 알면 영어의 답이 보인다!

Despite the weak ending, there are some genuinely *creepy* moments in the film(그 영화는 끝이 별로 강렬하지는 않았지만, 등골이 오싹한 느낌을 주는 뭔가가 있었어).

This would be enough to make anyone feel *creepy*(이것은 모두의 **등골을 오싹하게** 하기에 충분했어).

□ Seedy(음침한/으스스한/누추한)

The street is <u>eerie</u> because it has many *seedy* bars(그 거리는 으스스해. 왜냐하면 **음침하게** 보이는 술집이 많아서야).

Most people on the *seedy* street look under the influence of drugs(**음침하고** 누추한 골목에 있는 대부분의 사람은 마약에 중독된 것처럼 보여).

We eventually found the place which turned out to be a rather *seedy* looking underground car park(우리는 결국 어떤 장소를 찾았는데 뭔가 **으스스한 분위기의** 지하 주차장이었어).

A *seedy* pub is smelly and unattractive(그 **음침한** 술집은 냄새가 나서 별로 내키지 않는 곳이야).

□ Spooky(유령이 나올 듯 겁나는)

The movie is *spooky*(그 영화는 정말 **공포에 떨게** 해).

The strange man lives in a *spooky* and *eerie* old

house(그 이상한 사람은 **유령이 나올 듯하고** 으스스한 낡은 집에서 살아).

My mum used to tell me *spooky* stories at bedtime(내 엄마는 내가 잘 때 **유령이 나오는** 이야기를 해 주곤 했어).

□ Gory(피투성이의/유혈이 낭자한/끔찍한)

Spartacus is a *gory* movie. It involves* a lot of blood and violence(스파르타쿠스 영화는 **피투성이의** 끔찍한 영화야. 그 영화는 폭력과 피가 난무해).

'Involve'도 타동사입니다. 전치사를 쓰지 않습니다.
I <u>am involved in</u> this research and the research <u>involves analyzing</u> people's mind. Involve 동사는 항상 'ing' form을 써야 합니다.

I do not like these types of movies(나는 그런 종류의 영화를 싫어해).

It's brutal in places, *gory* in places, and supernaturally *creepy* in places(그것은 잔인하고 **피투성이이며** 오싹한 장소들을 보여 줘).

The movie contains lots of violence and *gory* scenes(그 영화는 많은 폭력과 **유혈극을** 담고 있어).

Y를 알면 영어의 답이 보인다!

5) 날씨를 묘사할 때(Describing weather)

☐ **Foggy**(안개 낀/흐릿한)

On our way to the mountains, it was freezing cold. It was so *foggy* and *misty*, we could not drive(산 쪽으로 운전할 때 너무 추웠어. 너무 **안개가 끼고** 희미해서 운전할 수가 없었어).

My memory is a bit *foggy*(내 기억은 좀 **흐릿해**).

☐ **Frosty**(이슬이 맺힌)

In the morning, it gets *frosty*(아침에는 **이슬이 맺혀**).

☐ **Stormy**(폭풍이 오는)

It is likely to be *stormy*(폭풍이 올 것 같아).
We had a *stormy* discussion(우리는 **격렬하게** 논쟁했어).

☐ **Smoggy**(연기가 자욱한)

When a bushfire occurs, all the cities become *smoggy*(산불이 나면 온 도시가 **연기로 자욱해**).

□ Hazy(아지랑이처럼 흐릿한)

The sky in Hong Kong is always *hazy*(홍콩의 하늘은 **연무가 낀 것처럼 흐릿해**).

□ Smoky(연기로 자욱한)

The room is very *smoky* because many people smoke cigarettes inside(그 방은 **연기로 자욱해요**. 왜냐하면 많은 사람이 담배를 안에서 피우니까요).

□ Nippy(살을 에는 듯이 쌀쌀한)

It is a bit *nippy* today, because of the strong wind(오늘은 정말 **날씨가 쌀쌀해**. 강한 바람 때문에).

[CF. look at the *nippy* little sports car. The car moves very quickly and easily(저기 작고 날렵한 경주용 차 좀 봐. 정말 빠르고 쉽게 움직이지).]

'Nippy'는 '작고 날렵한'이라는 뜻도 있어요.

□ Windy(바람 부는)

It is very *windy* today(오늘은 **바람이 많이 분다**).

Y를 알면 영어의 답이 보인다!

□ **Snowy**(눈이 오는)

I love to go to a ***snowy*** mountain(**눈이 많은** 산에 가는 것을 좋아해).

The winter in Australia is not as ***snowy*** and *icy* as South Korea. However, you feel <u>much colder</u> than in South Korea(호주 겨울은 한국처럼 얼음이 얼고 **눈이 내리지** 않아. 그러나 더 추운 것처럼 느껴져).

□ **Sunny**(햇빛 나는)

When it is **sunny**, it gets warm(**햇빛이 날 때** 따뜻해지지).

□ **Cloudy**(구름 낀)

When it is *cloudy*, it gets cold(구름이 끼면 추워져).

The sky is <u>overcast</u> today so it feels much colder(하늘이 구름으로 잔뜩 흐려지면 더 춥게 느껴지지).

6) 색깔을 묘사할 때(Describing colour)

□ **Greeny/greenish**(초록색의)

The house is painted with blue(그 집은 **초록색으로** 색칠되어 있어).

The house has ***bluey*/*pinky*/*yellowy*/*reddish*** colour(그 집은 **파랑/분홍/노랑/빨간**색이야).

7) 풍경을 묘사할 때(Describing landscape)

☐ **Slippery**(미끄러운)

The road is also *slippery* too(그 도로는 역시 **미끄러워요**).

When the floor gets wet, it becomes so *slippery*(마루가 젖어 있을 때는 **미끄러지기** 쉬워요).

When you walk into a swamp, it is so *muddy*(늪지대에 빠질 때는 진흙투성이가 되죠).

☐ **Hilly**(언덕이 가파른)

This street is very *hilly*(이 거리는 **언덕이 매우 많아요**).

He lives in a *hilly* suburb(그는 **언덕이 가파른** 교외에 살고 있어요).

☐ **Stony**(돌이 많은)

This mountain is very *stony*(이 산은 **돌이 많아요**).

It has a *stony* hill(그 산은 **돌이 많고** 가팔라요).

Y를 알면 영어의 답이 보인다!

8) 옷이나 가구/건물/일 등을 묘사할 때 (Describing other things/clothes/furniture)

☐ Cuddly(품에 안기는/아늑한)

The teddy bear doll is so *snuggly* and ***cuddly***(그 곰돌이는 아늑하게 품에 안겨요).

This blanket makes me feel *snuggly*(이 담요는 나를 아늑하게 만들어요).

Give me a ***cuddle***/hug(나를 안아줘요).

Give me <u>a big hug</u>(나를 힘껏 안아주세요).

☐ Cozy(포근한)

Your house is so ***cosy***, like the house in the story of Snow White and the 7 dwarfs(너희 집은 백설 공주와 일곱 난쟁이 이야기에 나오는 집처럼 **포근해요**).

I like a ***cosy*** room(나는 **포근한 느낌을 주는** 방이 좋아요).

☐ Fancy(화려한)

Your car looks so nice. It looks so ***fancy***(너의 차는 너무 근사해 보이고 **화려해**).

North Sydney is a <u>posh</u> area(시드니 북쪽은 부자 동네에요).

People living in that area are so *classy* and <u>posh</u>. They buy *fancy* furniture(그쪽에 사는 사람들은 고급스럽고 부티가 나요. 그들은 **화려한** 가구를 사요).

- You are too <u>extravagant</u> given* your income(너는 너의 수입에 비해서 너무 낭비가 심해).
- Your home is too luxurious considering* your income(너의 수입을 감안하면 너의 집은 너무 사치스러워)
- Provided/providing* that you have enough income, you can buy a house now(네가 충분한 수입이 있는 것을 감안하면 지금 집을 살 수 있어).
- When you buy a house, you need to make allowance for/take into account/take into consideration your ability to repay(네가 집을 살 때 다시 지불할 수 있는 능력을 감안해야 해).

'감안하다'라는 표현은 'Make allowance', 'Take into account' 등의 양보 표현을 씁니다.

□ **Lively**(활기 있는)

I love this city because the atmosphere is *lively*(나는 이 도시를 좋아해. 왜냐하면 분위기가 **활기 있으니까**).

I enjoyed the *lively* rock concert(나는 **활기찬** 록 콘서트를 좋아해).

The football match was *lively*(그 축구 게임은 **활기가 있어**).

Y를 알면 영어의 답이 보인다!

□ **Trendy**(유행을 따라가는/최신의)

Designer brand bags are very *trendy*. They are <u>stylish and fashionable</u>(그 명품 가방은 아주 최신형이야. 스타일도 좋고 **유행 감각이 있어**).

They are currently very popular among young ladies(그 가방은 현재 젊은 숙녀들에게 인기가 좋아).

But I reckon it is just a *passing fad*(그러나 단지 지나가는 유행일 뿐이야). 지나가는 유행을 'passing fad'라고 합니다.

Having a tattoo is *just a passing fad*(문신하는 것은 유행이 지나면 그뿐이야).

- He is a very <u>refined and cultured</u> person(그는 아주 세련되고 문화적으로 교양이 있는 사람이야).

□ **Fluffy**(털이 복슬복슬한)

The cushion that I bought the other day is very *fluffy*(내가 일전에 산 그 쿠션은 **털이 폭신폭신해**).

The cat is an eight years old with a very *fluffy* tail(그 고양이는 꼬리에 **털이 수북하고** 여덟 살이에요)!

I love rabbits too. They are so *fluffy* and loveable(나는 토끼를 좋아해요. 왜냐하면 **털이 많고** 사랑스러우니까).

□ **Flashy**(화려하게 보이는 싸구려/겉치레뿐인)

In Thailand, every souvenir looks *flashy*(태국에서는 모든 선물이 **삐까번쩍하고 좋아** 보여요).

I just want a good reliable car, nothing *flashy*(나는 단지 **겉만 번지르르하지** 않은 단단한 자동차를 원해요).

He specializes in *flashy* technique, without much depth(그는 별 깊이는 없고 겉만 **번지르르한** 기교가 전문이죠).

The actress was *flashily* dressed in the movie(그 여배우는 그 영화에서 **화려하지만, 싸구려로 보이는** 의상을 입었어요).

9) 사람들의 외모를 묘사할 때 (Describing people's appearance)

□ **Tacky**(촌스러운/질이 떨어지는)

You look very *tacky* when you wear these jeans(이 청바지를 입으면 매우 **촌스럽게** 보여요).
They are <u>out of fashion</u> now(그 옷은 유행이 지났어요).

When you buy *tacky* souvenirs, you will be bored with them within the week(만약 당신이 질이 좋지 않은 **싸구려** 기념품을 산다면 곧 지루해질 것이요).

For me, Indian movies are a little loud and garish; quite *tacky*(인도 영화는 좀 시끄럽고 어쩐지 **촌스러워요**).

Y를 알면 영어의 답이 보인다!

Some look great dressed up, others just look *tacky*(어떤 이는 옷을 잘 입었으나 다른 이들은 아주 **촌스러운** 복장을 하고 있었어요).

☐ Crappy(쓰레기 같은/가치 없는)

What a bunch of *crap*(무슨 헛소리를 잔뜩 지껄이는 거야)!

This work is completely *crap*(이 일은 완전히 쓸모가 없어요).

It is a *crappy* novel. It is full of rubbish(그것은 아무 가치도 없는 쓰레기 같은 소설이요).

Her jewellery looks very *crappy*(그녀의 보석은 아주 싸구려 같이 보여요).

☐ Saggy(축 늘어진)

After women undergo breast feeding, there is tendency for their breasts to become *saggy*(여자들은 젖을 먹이고 나면 유방이 **축 늘어지는** 경향이 있죠).

Being exposed to the sun can make you old by making your skin look *saggy*, wrinkly and leathery(태양에 피부가 노출되면 늙어 보여요. **축 늘어지고** 주름이 지고 가죽처럼 질겨지죠).

He is a little *saggy* in this picture *due to**it being a hot day(더운 날씨 때문인지 어쩐지 사진 속의 그가 **축 처지고 힘없어** 보입니다).

□ **Baggy**(축 처진/헐렁한)

Your jeans are too *baggy*(너의 청바지는 너무 **헐렁해**).

This fabric doesn't shrink, fade or go *baggy* even after frequent washing(그 직물은 줄어들지도 않고 색깔이 바래지도 않고 계속 빨아도 **축 늘어지지** 않아요).

She always wears *baggy* clothes to hide her weight(그녀 는 몸매를 가리기 위해서 늘 **헐렁한** 옷만 입어요).

□ **Daggy**(헐렁하게 늘어진/너저분한)

They look so **daggy**. They need to be <u>hemmed</u>(그 옷들은 너무 **헐렁해** 보여. 좀 줄여야겠네).

It is clear that despite our internal self-perception that the Anglican brand is *daggy*, the average Sydneysider is actually very warm towards us(영국 브랜드는 좀 우중충하고 **패션 감각이 떨어진다고** 느끼게 하는 것은 명백하나 보통 시드니에 사는 소비자들은 즐기는 편이지요).

The *daggy* clothes you are wearing look uncool, unfashionable, but comfortable(네가 입은 그 **축 처지고 늘어진** 옷 은 유행 감각은 떨어지지만, 편안해 보여).

약간 '특이하고 이상한' 사람에게도 쓰입니다.

The boring, *daggy* lady is the one associated with
difficult, challenging politics(그 **재미없고 이상하게** 보이는 여자가
바로 어렵고 도전적인 정치와 연계된 사람입니다).

2. 비/형평

두 번째로, 현지인들은 어떤 사물이 서로 잘 연결되어서 균형을 이루느냐, 아니면 서로 복잡하게 얽혀있느냐를 평가할 때 다음의 'Y'로 끝나는 표현을 씁니다(It is concerned with whether or not something hangs together, is balanced or complicated).

1) 일이나 상태가 복잡한지, 단순한지를 표현할 때

□ **Cruisy**(순풍에 돛 단 듯이 잘나가는/일이 수월하게 풀리는)

His life is so smooth and *cruisy*(그의 인생은 순풍의 배처럼 잘나가요).

He just *cruises* around(그는 쉽게 해내어요).

He sat for the most difficult exam, but he <u>breezed through</u> it(그는 가장 어려운 시험을 쳤으나 순조롭게 통과했어요).

He inherited lots of property/real estate from his parents(그는 부모로부터 많은 재산을 물려받았어요).

His parents *handed him* <u>the means to a good income</u>(그의 부모들이 좋은 수입을 보장해 준거죠).

He is so *lucky*, because his life is already *a cruise*(그는 정말 운이 좋다. 왜냐하면 그의 인생은 이미 **돛단배와 같으니**).

He has a *cruisy* job(그는 **잘나가는** 직업을 갖고 있어).

를 알면 영어의 답이 보인다!

□ **Fiddly**(잔손이 많이 가는)

It is quite *fiddly* closing this necklace because the latch is so small(이 목걸이를 잠그는 것은 **아주 손이 많이 가네**. 거는 고리가 아주 좁아서).

Cooking Korean food is very *fiddly* and elaborate(한국 음식을 요리하는 것은 **손이 많이 가고** 일도 많아요).

I hate sewing because it is one of the most *fiddly* jobs(나는 바느질을 싫어해요. 그것은 가장 꼼꼼하게 손이 가는 일이니까요).

Making jewelry is very *fiddly*(보석을 만드는 데는 **아주 손이 많이 가요**).

- Please stop <u>fiddling</u> with the computer when I am talking to you, pay attention to me(내가 말할 때는 컴퓨터를 만지작거리지 말고 내 말에 신경 써요).
- I have <u>fiddled around</u> working on this paper(나는 이 페이퍼를 고치려고 이리저리 연구해 봤어요).

□ **Wordy**(장황한)

You need to be <u>working on</u> your paper more(너는 논문을 좀 더 손봐야겠어).

Tidy it up a little bit and <u>hand it in</u> next week(조금만 더 정리해서 다음 주에 제출해).

When you write an essay, don't make sentences too *flowery*(에세이를 쓸 때는 문장을 너무 장황하게 쓰지 마). It becomes too **wordy** and *lengthy*(너무 **말이 많고** 길게 보여).

Don't speak in flowery language(장황하게 말하지 마).

- Lecturers in Western cultures dislike Asian students 'digressive and indirect ways of writing essays(서양 문화권의 교수들은 동양에서 온 학생들의 지엽적이고 빙빙 돌려쓰는 에세이를 너무 싫어해).
- Stop rambling and wandering around(횡설수설하고 종잡을 수 없게 말하지 마).
- Get down to the point first(말하고자 하는 요점을 제일 먼저 바로 말해).

□ **Corny**(진부해/웃기는/유치한)

Corny is often used to describe someone or something that wants to be cool, but isn't. It sounds childish/lighthearted/a joke/*silly* not *funny*('Corney'라는 단어는 자주 쓰이는데, 멋있어 보이려고 하지만 어쩐지 **가볍고 유치하며** 어리석게 보일 때 씁니다).

For example, if your friend got a tattoo on his arm and thought it looked really cool but you thought it looked stupid, you could say that the tattoo looked *corny*(예를 들어, 당신의 친구가 팔에 문신을 했을 때 멋있어 보이려고 한 것이지만, **어쩐지 어리석게 보일 때** 씁니다).

I know it sounds *corny* but it really was love at first sight(그것은 정말 **유치하게 들리지만**, 나에게는 첫눈에 반한 사랑이었어).

Y 를 알면 영어의 답이 보인다!

It is a *corny* movie(그것은 **정말 유치하고 웃기는** 영화야).

He makes a *corny* joke(그는 **유치하게 웃기는** 농담을 해).

It is so *corny*, but it's very hard not to shed a tear(**웃기는 소리지만**, 정말 눈물이 나게 해).

My brother tries to talk with a British accent, but he sounds *corny* because he's not very good at it(내 동생은 영국 발음으로 말하려 하지만 **정말 웃겨**. 왜냐하면 말을 잘 못 하니까).

□ **Cheesy**(진부해/느끼해)

Cheesy is a similar word to *corny*. The difference between the two is that something that is *cheesy* is trying very hard to be cool('Cheesy'도 'Corny'와 비슷한 뜻입니다. 차이점은 'Cheesy'는 멋있게 보이려고 더 노력한다는 데 있어요).

He is a kind of *cheesy* person(그는 약간 느끼해). He always cracks on to women(여자들에게 항상 추근거려).

It sounds *cheesy*(superficial), but I try to express myself(**약간 우습고 피상적으로 들릴지도** 모르지만, 제 주장을 피력해 볼게요).

It is an incredibly *cheesy* love song of low quality and without style(그 노래는 정말 **싸구려** 사랑 노래에요).

The film is long and somewhat *cheesy*, but it is very informative(그 영화는 조금 길고 어쩐지 **유치하지만**, 정말 유익한 정보를 많이 주어요).

☐ **Fuzzy**(모호해, 흐릿해)

This is a *fuzzy* area(**모호한** 분야예요).

My eyesight is getting *fuzzy* as I get older(나이가 들수록 내 시력이 점점 **흐릿해져요**).

You can see a couple of rather *fuzzy* photographs of them here(너는 약간 **흐릿한** 사진 두 장을 볼 수 있지).

I feel uncomfortable and my vision goes *fuzzy* fairly quickly(나는 뭔가 불편하고 내 시야가 아주 빨리 **흐릿해졌어요**).

☐ **Bulky**(부피가 큰)

The parcel is so *heavy* and *bulky* that I cannot handle it by myself(이 소포는 너무 **무겁고 커서** 나 혼자 다룰 수 없어요).

The bag is too *bulky* to carry with me at all times(그 가방은 너무 **부피가 커서** 항상 갖고 다닐 수가 없네요).

It is difficult to flush away the *bulky*, *greasy* stools(**덩치가 크고** 기름때가 묻은 의자라 물로 씻어내기 힘들어).

Y 를 알면 영어의 답이 보인다!

□ **Hefty**(키가 큰/무거운)

Look at the Yudo player. He is so strong, *heavy*, and muscular. He is **hefty**(저 유도 선수 좀 봐. 그는 정말 튼튼하고 **무겁고** 근육질이야).

I have made a **hefty** decision today(나는 오늘 정말 **무거운** 결정을 했어).

I have to pay **hefty** fines because I parked my car without a ticket(나는 **무거운** 벌금을 내야 해. 왜냐하면 티켓 없이 차를 주차했거든).

In 1995 mobile phones were largely a business tool and still too **hefty** for the average pocket(1995년경에는 대개 사업상 휴대전화가 필요했지. 그리고 호주머니에 넣기에는 너무 **무거웠어**).

□ **Lofty**(높은)

I will become a millionaire in two years' time. It sounds like a pretty **lofty** objective(나는 2년 안에 백만장자가 될 거야. 어쩐지 **너무 높은** 목표 같네).

It is a **lofty** ambition(그것은 너무 **큰** 야망이야).

The house has **lofty**/high ceilings(그 집은 **높은** 천장을 갖고 있어).

It might be <u>a tall order</u>/(demanding) but could you finish the project by tomorrow(그건 힘든 요구지만, 내일까지 그 일을 마칠 수 있어)?

□ Chunky(큰 덩어리)

The pieces are *chunky*(그건 대개 큰 덩어리네).

Give me a *chunk* of the meat(고기 좀 많이 주세요).

If you do not like *chunky* tomato sauce in this one, you'll appreciate the *finely* diced carrots(만약 **덩어리진** 토마토 소스를 좋아하지 않으면 잘게 썬 당근을 더 좋아할 거요).

□ Roomy(널찍해)

The kitchen is so *roomy*. It is so spacious(그 부엌은 정말 **너르고** 공간이 넓어요).

The interior of the car is *roomy*(차 안이 너무 **널찍해요**).

The house has *roomy* drawers, shelf, towel rail and bottle storage bin(그 집에는 **널찍한** 찬장과 타올 걸이 병을 보관하는 통이 있네요).

를 알면 영어의 답이 보인다!

□ Scanty(빈약해/작은)

Your literature review is *scanty* and insufficient(너의 선행 연구는 너무 **빈약해**).

The research area has received *scant* attention from the scholars involved in the field(그 연구 분야는 관련 학자로부터 **많은 주의를 받지 못했어요**).
Her clothing is very *scanty*(그의 옷은 **너무 작아서** 몸을 가린 듯, 만 듯해).

She is wearing *scanty* panties(그녀는 **작은** 팬티를 입었네요).

□ Foamy(거품이 많아요)

This soap is very *foamy*(이 비누는 **거품이 많이** 일어요).

A *foamy* bath can help dissolve the natural body greases(**거품이 많은** 목욕이 몸에 붙은 기름기를 녹게 해 줄 거요).

Foamy waves swelled and gave off vapour(**거품** 파도가 점점 부풀어 오르더니 물보라를 터뜨렸어).

□ Glossy(윤기 나, 고급이야)

The wooden floor boards look so *shiny* and *glossy*(그 나무로 만든 마루는 아주 **빛나고 반들반들**하네요).

Vogue is a *glossy* magazine. It has lots of ads for high-end products(『Vogue』 잡지는 **고급이야**. 여러 가지 좋은 상품을 광고하지).

□ Prickly(찔리다)

This tree is very thorny and *prickly*(이 나무는 가시가 **많아서 잘 찔려**).

When I tell a lie, it *pricks* my conscience(나는 거짓말을 할 때 **양심에 찔려**).

When he *was falsely accused* because of my mistakes, my conscience *pricked*(그가 내 실수 때문에 누명을 썼을 때 **내 양심에 가책이** 있었어).

A cactus is very *prickly*(선인장은 가시가 많아서 **잘 찔려**).

She felt a *prick* as the thorn jabbed her foot(그녀는 발이 가시에 **찔렸을 때** 따끔함을 느꼈다).

He felt the *prick* of the needle(그는 바늘에 **찔려서** 따끔했다).

□ Thorny(가시가 많아)

Thorny shrubs *deter** unwanted visitors *from* climbing over your fences(가시나무들 때문에 불청객들이 담 넘을 생각을 아예 못해).

Y를 알면 영어의 답이 보인다!

- My sickness <u>prevented/stop</u> me <u>from</u> enrolling in my study again(나는 아팠기 때문에 공부를 다시 할 수 없었어요).
- A speed bump is meant to <u>hinder/stop</u> people <u>from</u> speeding through an area(길거리에 있는 방어막은 사람들이 그 지역에서 운전할 때 속도를 내지 말라고 있는 거에요).
- The rose bush is very ***thorny***(그 장미 덤불은 **가시가 많아요**).

'Thorny'는 해결하기 힘든 문제나 이슈를 말하기도 합니다.

It is a ***thorny*** issue as it is a difficult topic for people to agree about(그건 참 **난감한** 문제들이에요. 사람들이 찬성하기 어려운 주제이니까요).

This is proving to be a very ***thorny*** subject(이것은 아주 **난감한** 주제에요).

□ **Wobbly**(약해서 흔들거리는)

The leg of the chair is ***wobbly***(그 책상다리가 **흔들리네요**).

It moves and is unstable(움직이고 불안정해 보여요).

I have a ***wobbly*** tooth and hate the thought of it dropping out(이 하나가 어째 **흔들려서** 빠질 듯한 느낌이 들어서 싫군요).

My car has ***wobbly*** wheels and I need to fix them(내 차바퀴가 **헐렁헐렁** 흔들려서 고쳐야 합니다).

마음이 흔들리는 것에도 쓰입니다.

I feel quite *wobbly*, having heard first hand from him about what happened(그에게 일어난 소식을 직접 듣고 마음이 많이 **흔들렸어요**).

□ Wonky(삐뚤어진)

That painting hanging on the wall is *wonky*(벽에 걸린 그 그림이 **삐뚤어져 보이네요**). You had better straighten it(바로 세우는 게 나을 듯해요).

My face didn't go right back to normal, my smile is a little *wonky*, my eye seems a little smaller(내 얼굴은 정상으로 돌아오지 않았어요. 내가 미소 지을 때면 약간 **삐뚤고** 내 눈이 약간 작아 보여요).

It is still important to get some good right angles or else the toy will still look *wonky*(그 장난감을 똑바른 각도로 놓는 게 중요해요. 아니면 그것이 **삐뚤게 보일** 겁니다).

You have *wonky* teeth. They are <u>crooked not straight</u>. You have to get braces(너는 이가 고르지 않아서 **삐뚤게 보여**. 교정기를 해야겠네).

□ Wiggly(꾸불꾸불해)

Worms are *wiggly*(벌레들은 **꾸물꾸물** 움직여).

Y를 알면 영어의 답이 보인다!

Little children get restless if they have to sit still for a long time and they get **wiggly**(어린아이들은 가만히 오랫동안 앉혀 두면 주의가 산만해지고 **몸을 비틀어**).

Her bottom *wiggled* as she walked past(지나갈 때 엉덩이가 **뒤뚱뒤뚱했어**).

He removed his shoes and *wiggled* his toes(신발을 벗고 발가락을 **꼼지락거렸어**).

☐ **Shaggy**(헝클어진 장발)

My hair is too long and *untidy*. It is too **shaggy**. I need to have it cut(내 머리는 너무 지저분해서 길고 **헝클어져 있어**. 깎아야 해).

The sheep dog has a **shaggy** coat of fur(그 양치기 개는 길고 **헝클어진** 털을 갖고 있어).

They are **shaggy** with thick wool(그들은 길게 **엉킨** 두꺼운 양모를 갖고 있어).

My daughter has long untidy and **shaggy** *hair*(내 딸은 **길고 헝클어진** 장발을 하고 있어).

☐ **Shady**(그늘이 있어/수상해)

We went to find somewhere cool and **shady** to have a drink(우리는 음료수를 마시기 위해서 시원하고 **그늘진 곳**을 찾아갔어).

We have a big tree in our garden. So the garden is
shady(우리 정원에는 큰 나무가 있어. 그래서 **그늘이 드리워져**).

약간 어둡고 뭔가 석연치 않은 사람에게 쓰일 때도 있습니다.

He is a *shady* and *dodgy* character(그는 뭔가 **석연치 않고 부정직**
한 사람이야).

☐ Shadowy(그늘이 져 어두침침해/뒤에서 막후 역할을 하는)

Someone was waiting in the *shadowy* doorway(누군가가
그늘진 문에서 기다리고 있어).

It was very difficult to see him because he was
standing in a *shadowy* corridor(그를 보기가 힘들었어. 왜냐하면 **그**
늘진 복도에 서 있었기 때문이야).

He is a *shadowy* figure. He is a bit suspicious(그는 앞에 나
서지 않는 인물이야. 그는 **좀 수상쩍어**).

☐ Leafy(나뭇잎이 무성한)

Most streets in Sydney are very green and *leafy*(시드니에
있는 대부분의 거리에는 **나무가 많아**).

North Sydney is a *leafy* area(시드니 북쪽에는 **나무가 많아**).

Y를 알면 영어의 답이 보인다!

3. 무/가치

마지막으로, 가치가 있는지 혹은 중요한지, 중요하지 않은지를 평가하는 표현으로 현지인이 많이 쓰는 'Y'로 끝나는 표현을 알아봅시다.

1) 부정적으로 사물의 가치를 평가할 때

□ Pricey(비싼)

This stuff is very *pricey*(이 물건은 **비싸네요**).

House prices have become very <u>dear</u> and expensive lately(집값이 최근에 몹시 비싸졌어요).

I saw a wedding on the London Eye and it looked fantastic, it wasn't too *pricey* either(정말 멋진 데다가 그렇게 **비싸지도** 않았어요).

Unfortunately, the internet service can get *pricey* in a hurry(불행히도 인터넷을 급하게 설치하면 비싸져요).

I can tell you, furniture is quite *pricey* over here(여기는 가구가 엄청 **비싸다는** 걸 명심해요)!

☐ Costly(비용이 많이 드는/비싼)

It is so *costly* to raise a child these days(요즘에는 아이를 키우는 데 **비용이 많이** 들어요).

I have made a *costly* mistake(나는 **값비싼** 실수의 대가를 치렀어요).

It is a very serious mistake that causes long-term damage(장기간에 걸쳐 손해를 끼친 심각한 실수였어요).

It is so *costly* to maintain the house(그 집을 유지하는 데는 **큰 비용이** 들어요).

The policy is *costly* to implement at a national level(그 정책을 국가적으로 운용하는 데는 **엄청난 비용이 들어요**).

It will be very *costly* once the ecosystem is destroyed by the pollution(일단 오염으로 파괴된 생태계는 복구하는 데 **큰 비용이 들어요**).

☐ Rusty(녹슬었어)

Your car is old. It is *rusty* all over. You need to <u>dump it</u>(네 차는 오래되어 **녹이 많이 슬었어**. 폐차시켜야 해).

<u>When it comes to playing</u> the piano, if you don't <u>polish</u> your skills, they get *rusty*(피아노 치는 것은 계속해서 연습하지 않으면 기량이 **녹슬어 버려**).

- I need to <u>brush up</u> on my English(영어 공부를 다시 해야 해).

Y 를 알면 영어의 답이 보인다!

□ Rocky(바위가 많아/위태로운)

The mountain is *rocky* with cliffs(그 산은 절벽에 **돌이 많아**).

She found a narrow, **rocky** road and was surprised to see an older man leading a donkey pulling a cart ahead of her(그녀는 좁고 **돌이 많은** 길을 찾았고 놀랍게도 그녀 앞의 노인이 당나귀가 끄는 마차를 타고 있는 것을 보았다).

'Rocky'가 대인관계에 쓰일 때는 '흔들리는, 위태한'이라는 뜻으로 쓰입니다.

Our relationship is getting *shaky* and *rocky*. We have a *rocky* relationship(우리 관계는 흔들리고 위태위태해).

Our marriage is <u>on the rocks</u> means our marriage is not strong(우리 결혼은 곧 깨질 것 같아).

반대로 다음의 표현에서 쓰인 'Rock'은 '관계가 견고하고 확실하다'라는 뜻입니다.

How is he doing since he joined your church(그가 교회에 들어온 후로 어떻게 하고 있어요)?

Oh he is <u>rock solid</u>(그는 바위처럼 확고부동해). His faith is very firm and strong, because he is born to be a <u>devout</u> Christian(그의 신앙은 강해. 왜냐하면 그는 타고난 독실한 기독교인이기 때문이야).

'일을 뒤집어버리다'라는 뜻으로는 'rock the boat'를 씁니다.

- You shouldn't <u>rock the boat now</u>, you need to be patient(제발 일을 확 뒤집지 말고 좀 참고 있어).

□ **Risky**(위험한/모험적인)

It is too *risky* to buy stocks now(지금 주식을 사는 것은 너무나도 **위험한 일이야**).

You <u>run the risk</u> of losing all your money(너는 돈을 잃을 위험을 감수해야 해).

<u>Strangely enough</u>, this is true, although it's a somewhat *risky* practice(이상하게 들리겠지만, 약간 모험적인 형태라 해도 이것은 사실이야).

<u>Given</u>/considering the current business situation, fair business conduct appears too *risky*(현재 상황을 감안하면, 정당하게 사업하면 너무 **위험할 수** 있어).

- <u>When it comes to</u> buying stocks, you've got to be very prudent/careful/circumspect otherwise you will end up losing all your money(주식을 사는 것에 관한 한 너는 사려 깊고/조심스럽고/신중해야 해. 그렇지 않으면 모든 돈을 잃게 돼).
- They <u>ended up</u> divorcing(그들은 결국 이혼했어).

'At the end of the day'는 많이 쓰는 표현입니다.

- At the end of the day(결국/종국에는), you have to <u>face the music</u>/face the consequences(너는 인과응보를 받아야 해).
- We gave you good services. But <u>at the end of the day</u>, you started to pass the blame onto us(우리는 좋은 서비스를 너에게 주었는데 결국 너는 우리에게 비난을 전가하네).

□ Irony(아이러니야/역설적이야)

It is such an **irony** that the ugly lady <u>is married to*</u> a handsome man(그 못생긴 여자가 잘생긴 남자와 결혼한 것은 **정말 아이러니야**).

'Marry'와 관련된 문법은 틀리기 쉬우니 유의하세요.

When she *married* him, he had no money(그녀가 그와 결혼했을 때는 돈이 하나도 없었어요).
He <u>is married with three children</u>(그는 아이가 세 명 있는 결혼한 남자야).

□ Faulty(흠이 있어)

The electric device is *faulty*(그 전기 기구는 **흠이 있어요**).

Everybody has *faults* or <u>foibles</u>(모든 인간은 **흠/약점이** 있어). People have weak and strong points(사람들은 강점이나 약점이 있지요).

The problem is that you might have a *faulty* perception of a situation(문제는 네가 그 상황에 대해서 **잘못된** 시각을 갖고 있을지도 모른다는 것이야).

☐ **Leaky**(구멍이 있어 새고 있어)

Damage to blood vessels may cause inflammation, but may simply make blood vessel(혈관의 손상은 염증을 일으킬 수 있지만, 단순히 혈관을 손상시킬 수도 있다).

This tap is *leaking*(이 수도꼭지는 **새고 있어**).

This gas pipe has rust everywhere. It can readily become *leaky*(이 가스관은 녹이 슬어서 쉽게 **샐 수 있어**).

The *leaky* roof is not being fixed by the council(**새는** 지붕을 지자체에서 고쳐 주지 않고 있네).

2) 긍정적으로 사물의 가치나 일의 상태를 표현할 때

☐ **Rosy**(장밋빛처럼 장래가 밝은/일이 잘되는)

Life is not *rosy* all the time(인생은 항상 **장밋빛처럼 좋은 일만** 일어나는 것이 아니죠).

It has its <u>ups and downs</u>(좋을 때도 있고 안 좋을 때도 있죠).

Don't think that the world always revolves around you(세상이 늘 너를 중심으로 돌아가듯이 술술 잘 풀리는 법은 없어요).

Oh dear, things don't look too *rosy* for us, do they(일이 그렇게 **쉽게 잘 돌아가지** 않는군. 안 그래요)?

No one should have the illusion that everything will all of a sudden become *rosy*(아무도 모든 것이 갑자기 **잘되리라는** 환상을 가지지 말아야 해요).

You know things aren't all *rosy* for these kids(당신도 알다시피 사태가 그 아이들에게 그리 만만하게 **잘 돌아가지는** 않아요).

□ **Easy-peasy**(쉬운/쉽게 술술 풀리는)

It is child's play. That is *easy-peasy*(그건 아이들 놀이지요. **아주 쉽죠**).

It is a piece of cake(그건 식은 죽 먹기입니다).

Can you play "Mary had a little lamb on the piano(그 피아노곡 좀 쳐줄래요)?"

Of course, that's *easy-peasy*(물론이죠. **누워서 떡 먹듯이 쉬운** 일이죠)!

It is not easy to live in foreign countries. You may face many difficulties(외국에서 사는 것은 쉬운 일이 아니지요. 많은 어려움에 부딪히죠).

Life is not *easy-peasy*, and it becomes complicated(인생이 **녹록지** 않죠. 아주 복잡해요).

'Y'로 끝나는 다른 표현들
(Other expressions with 'Y')

1) 'Y'로 끝나는 자주 사용되는 운율식 표현(Common rhymes of abbreviations ending with Y)

Y ending rhymes	Examples
Airy-fairy (비현실적이야)	He is an **airy-fairy** person. He is unrealistic. He has his head in the clouds. I've got my feet on the ground. While my husband has his head in the clouds, I am a down to earth person. '**Airy-fairy** bullshit' contrasts well with '**nitty-gritty**'
Argy-bargy (논쟁적이야)	I am fed up with your **argy-bargy** way(너의 논쟁적인 태도에 신물이 나). It is too noisy and disruptive.
Hunky-dory (좋아요, 잘돼요)	Everything will be **hunky-dory**. This means that everything will be fine.
Hurly-burly (야단법석이야)	The country is in a **hurly-burly** political situation
Hustle and bustle (혼잡스러워)	City life has **hustle and bustle**.
Itsy bitsy or itty-bitty (자잘하고 미세한 거야)	I cannot explain the **itsy bitsy** details of the story now.
Lovey-dovey (알콩달콩해)	I hate it when my mum and dad get all **lovey-dovey**. It is so embarrassing at their age.

Y 를 알면 영어의 답이 보인다!

Nitty-gritty (핵심을 찌르는)	I have had enough of this superficial talk. Let's get down to the ***nitty-gritty*** of the issue. Let's get down to the ***nitty-gritty*** of the matter. The ***nitty-gritty*** of the problem is that he does not comply with the company rules.
Roly-poly (오동통해)	He is a really ***roly-poly*** guy, because he is very fat. The lollypop lady(차량 정지 표지판을 들고 아이들이 도로를 건너는 것을 도와주는 여자) guides students to cross the road safely. Children like lollies(막대사탕).
Silly Billy (어리석은 사람)	Don't be a ***silly billy***.
Topsy-turvy (뒤죽박죽이야)	He went through ***topsy-turvy*** lifestyles.
Wishy-washy (물에 물 탄 듯, 술에 술 탄 듯해)	Don't be so ***wishy-washy***. Why can't you give me a definite answer?
Willy-nilly (계획 없이 닥치는 대로 해)	Do not use your credit card ***willy-nilly***. You should be careful. Hey! What are you doing with those seeds? You have to plant them in rows and evenly-spaced. Don't just toss them ***willy-nilly***!

Other types of rhymes	Examples
Chit-chat (수다)	Let's have a **chit-chat** some other time. She is a very **chatty** person.
Claptrap (쓸데없는 말)	He talks a lot of claptrap and nonsense.
Chock-a-block (너무 바빠서 더이상 더 할 수 없는 꽉 찬 상태)	The bus was **chock-a-block**, I could not find a seat. The stadium was chock-a- block! It was a complete sell-out. You can imagine the atmosphere!
Knickknacks (장신구)	The shop is decorated with many little **knickknacks**. I can't afford to buy anything but **knickknacks**.
Mishmash (뒤범벅/잡동사니)	Koreans like **mishmash** food. I like a **mishmash** of food. I have got a **mishmash** of an assignment.
Mumbo-jumbo (무슨 소리를 하는지 모를 말)	I think a lot of 'art talk' is **mumbo-jumbo**.
Pitter-patter (타닥타닥 발소리)	The **pitter-patter** of little children running around a house. How long before I can hear the **pitter-patter** of little feet? Said by a pregnant woman to her obstetrician(산부인과 의사).
Riff- raff (어중이떠중이 / 하층민)	They are **riff-raff** living in the slums.
Shipshape (깔끔해)	Everything is **shipshape** in a Bristol fashion(모든 것이 정돈되어 깔끔해). My husband keeps things **shipshape**.

Y 를 알면 영어의 답이 보인다!

Tiptop (최상이야)	The house is in **tiptop** condition. You are now at the pinnacle of your life.
Tittle-tattle (남의 사생활 험담)	I don't like office **tittle-tattle**. Women tend to engage in tittle-tattle gossip when they get together. **Chit-chat** relates to innocent gossip, while **tittle-tattle** relates to malicious gossip.
Tit-for-tat (보복)	The row was a **tit-for-tat** action(그 소동은 보복행위였어).

2) 자주 사용되는 약자(Common abbreviations for nouns)

Original words	Abbreviation(acronym)
Bad people	Baddies
Barbecue	Barbie
Bicycle	Bike
Biscuit	Bikkie
Breakfast	Brekky
Bricklayer	Brickie
Cat	Pussy
Cigarette	Ciggies
Dad	Daddy
Dog	Doggy
Electrician	Sparkie
Football	Footy
Good people and things	Goodies
Grandmother	Granny
Holiday	Hollies

Y를 알면 영어의 답이 보인다!

Hooligan	Hooly
Husband	Hubby
Mosquito	Mossie
Mum	Mummy
Nice person	Sweetie
Old person	Oldie
Politician	Pollie
Sick leave	Sickie
Soap operas	Soapies
Surfboard rider	Surfie
Television	Telly
Umbrella	Brolly
Underwear	Undies
Vegetables	Veggies
Woolworths	Woollies

'Y' 표현의 이론적 배경
(Theory of 'Y' Evaluations)

체계 기능 언어(Systemic Functional Linguistics) 이론에서 개발된 평가
이론을(Appraisal theory) 세계 최초로 영어 회화에 적용했습니다.

1. 체계적이고 기능적인 현지 생생 영어

'Y'로 끝나는 현지 생생 영어는 체계적이고 기능적입니다. 그 이유는 'Y'로 끝나는 영어의 이론적 배경은 체계 기능 언어(Systemic Functional Linguistics)에서 새롭게 개발된 평가 이론(Appraisal theory)에 근거를 두었기 때문입니다. 이 장에서는 'Y' 표현의 이론적인 배경을 간단하게 설명하겠습니다. 'Y'로 끝나는 영어는 아주 새롭고 유익하며 소통의 원리를 언어학적으로 분석한 재미있고 이치에 맞는 이론입니다.

저는 남편을 따라서 1991년도에 처음 호주에 도착했을 때는 영어를 한마디도 못했습니다. 돈 없는 가난한 유학생 부인에다 어린 세 명의 자녀까지 돌보며 영어 표현을 한마디도 못 한다는 스트레스로 인해서 림프 결핵이 와서 저는 그대로 죽는 줄 알았습니다. 일 년 반 동안 열심히 약을 먹고 죽을 고생을 한 뒤에 저의 몸이 서서히 회복되기 시작했을 때는 이미 4년이란 세월이 지나고 있었습니다.

Y 를 알면 영어의 답이 보인다!

1995년에 호주 정부가 주는 영주권이 나와서 영어를 본격적으로 배우기 시작했습니다. 영어로 말을 더 잘해보려는 의도로 울런공대학교 대학원 영어 교육학과(TESOL)에 입학했을 때 저는 '체계 기능 언어'의 이론적인 배경이 되는 '기능 영어 문법(Functional Grammar)'을 처음으로 접했습니다. 전통 영어 문법(Traditional Grammar Approach)과 구문 이론(Structural Approach)으로만 영어를 배워 왔던 저에게 기능 문법 이론은 신선한 충격으로 다가왔습니다.

2. 체계 기능 언어 이론(SFL theory)에 의한 소통의 원리

  체계 기능 언어 이론에서는 언어는 의미를 만드는 중요한 하나의 도구라고 생각합니다(Language is an important resource of making meaning). 그래서 체계 기능 언어 이론은 바로 이 의미(meaning) 또는 기능(function)에서 출발합니다. 대화가 통했다면 바로 기능이 되고 의미가 전달되었다고 봅니다. 이 의미론(semantics)에 의하면 의미는 문법만 바르다고 해서 바로 전달되는 것이 아니라 문화적인 부분과 현재 상황(cultural and situational contexts)에 맞게 영어를 구사해야 한다고 여겨집니다. 그래서 이런 상황들과 문법이 체계적으로 서로 의미를 만드는 데 영향을 미치기 때문에 체계 기능 언어 이론이라고 부릅니다. 즉, 체계 기능 문법은 무엇보다 현재의 문화적인 상황이 언어의 습득에 미치는 영향을 중요시하고 문법은 이 기능들을 수행하기 위해 발전했다고 믿습니다.

  그래서 문법도 중요시하면서 상황과 의미 문법을 연결한(context and text relationships) 광범위하고(comprehensive) 포괄적인(integrative) 이론입니다.

Y를 알면 영어의 답이 보인다!

이후 저는 무사히 석사를 마치고 박사학위는 시드니대학교에서 장학금(University Postgraduate Award, UPA)을 받아서 얻게 되었습니다. 나중에 알고 보니 경쟁률이 700 대 1이라고 들었습니다. 소발에 쥐잡기로(what a fluke) 장학금을 받았는데 아마 저의 논문 주제가 새로운 인기 이론인 '평가 이론(appraisal theory)'을 "유학생들이 에세이를 쓸 때 부딪치는 가장 큰 어려움인 '특히 논쟁적이지 못하다(Lack of critical components),'라는 문제"에 적용했기 때문이라고 생각합니다. 한국인으로서는 처음으로 이 이론을 배경으로 연구를 마쳤고 수 편의 논문도 혼자서 국제 저널에 낼 수 있게 되었습니다(책 뒷부분의 출판 기록 참조). 저는 이제 영작 분야에서 세계적으로 널리 인정받은 학자가 되어 호주 박사학위 논문 심사위원에다 여러 국제 저널의 편집인이자 심사위원이기도합니다. 제가 학위를 마치자 이 평가 이론은 호주는 물론이고 미국, 영국, 홍콩뿐만 아니라 일본, 중국에서도 가장 인기를 끄는 이론이 되었습니다. 한국은 15년이 지난 최근에서야 이 이론에 관심을 갖기 시작한 것 같습니다.

3. 평가 이론(Appraisal theory)

　평가 이론은 체계 기능 언어 이론(Systemic Functional Linguistics, SFL)에서 발전했습니다. 이 이론은 애초에 시드니대학교 언어학과의 교수였던 세계적인 석학 할리데이(M. A. K Halliday) 교수가 창시한 사회적 언어(Socio-linguistics) 이론입니다. 이 이론을 바탕으로 하여 그의 유명한 제자인 마틴(James Martin) 교수와 그의 박사과정 제자들이 최근에 더욱 발전시킨 이론입니다. 지금 호주와 영국의 영어 교육 방식은 바로 이 체계 기능 이론을 배경으로 해서 이루어지고 있고, 이 이론은 이제 미국에서도 서서히 유명해지고 있습니다.

　체계 기능 언어 이론은 '우리가 무슨 목적으로 언어, 즉 영어를 공부하는가?'에서부터 시작합니다. 언어를 배우는 가장 중요한 이유는 의사소통을 하기 위함입니다. 다음의 그림에서 보듯이 의사소통의 두 가지 큰 목적은 사람들과 접촉하기 위해서이거나(Interaction), 사람이나 사물을 평가하기(Evaluation) 위해서입니다. 접촉의 경우, 언어의 육하원칙(6 Why questions)을 통해 사람과 소통하여 정보를 교환하고(Exchange of Information), 물건이나 서비스를 교환하기도(Exchange of Goods and Services) 합니다. 이 교환을 문법적으로 '화법(Mood)'이라고 합니다. 즉, 명령문이나 의문문 그리고 서술문을 쓰면서 정보를 주고받고 또 주문을 하기도 합니다.

Y 를 알면 영어의 답이 보인다!

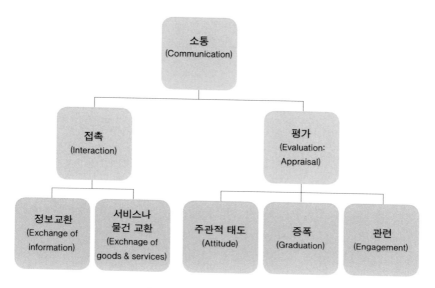

[그림 1 - 영어 소통의 두 가지 이유]

[그림 1]에서 보다시피 영어를 배우는 또 하나의 더 중요한 목적 중의 하나는 우리의 의견이나 생각을 표현하여 우리의 주관적인 태도(ATTITUDE)를 나타내고자 함입니다. 즉, 감정이나 느낌 등을 표현하거나 다른 사람이나 사물을 긍정적으로 또는 부정적으로 평가(Evaluation)하기 위함입니다. 그리고 이런 평가 후에는 반드시 청중을 설복하기 위해서 증거(Evidence)나 이유(Cause and Effect) 그리고 양보(Concession) 등의 재료를 써서 독자를 끌어들입니다(ENGAGEMENT).

또한, 어떤 평가이든지 그 표현을 강하게 또는 약하게 증폭 (Scale up and down the force or focus)합니다. "그런대로 잘했어

(That is good).", "아주 잘했어(That is very cool).", "정말 잘했어(That is excellent/superb).", "정말 대단해. 획기적이야(That is extremely awesome/impressive)." 이것을 증폭이라고 합니다(GRADUATION). 서양인들은 동양인에 비해서 증폭을 많이 하는 편입니다. 예를 들어, "According to students, Susan is the most professional teacher at the Federation University."라는 문장에서는 그녀가 그 대학에서 가르치는 사람이라는 정보뿐만 아니라(Exchange information) '전문적으로 잘 가르친다.'라는 긍정적인 평가(Professional: Attitude)까지 하고 있습니다. 그뿐만 아니라 가장 잘 가르친다고 평가하며(The most: Graduation) 또 증거를 대어서(according to: Engagement) 상대방이 믿도록 하고 있습니다. 이 세 가지 종류의 언어 소재를 바로 평가 이론(Appraisal theory)이라고 합니다.

Y를 알면 영어의 답이 보인다!

4. 평가 이론 중의 하나인 태도(ATTITUDE within Appraisal theory)

'Y로 끝나는 영어'는 전술한 평가 이론의 세 가지 중에서 한 가지, 즉 태도(ATTITUDE)를 적용한 것입니다. 이 책은 바로 이 태도의 이론적 배경하에 영어의 표현 중에서 'Y'로 끝나는 것들만 모은 것입니다. 영어에는 왕도가 없습니다. "몇 달 만에 말문이 트인다." 등의 광고는 허위가 많다고 생각합니다. 제가 2015년에 한국을 방문하여 학회에 참석하면서 더욱 이 이론의 신선함을 느꼈고 우리나라의 영어 교육에도 많은 도움이 되는 이론이라는 것을 확신했습니다. 이 이론과 표현은 현지 영어를 지름길로 습득하시기를 원하는 분들, 영어의 원리를 알고 가르치고 싶으신 분들에게 많은 도움이 될 것입니다. 저는 할리데이의 체계 기능 언어(Systemic Functional Linguistics) 영어 이론이 만병통치약(Panacia)이라고 생각하지는 않습니다. 그러나 이 이론은 광범위하여 다른 이론들을 같이 흡수하고 있으므로 한국 사람들에게 많이 알려지기를 원합니다. 지금까지 우리나라의 영어 교육 방식이 미국과 일본의 방식에 많이 치우친 경향이 있다는 것은 누구나 인정할 것입니다. 그래서 새로운 이론을 통해서 영어 교육의 접근 방법을 다른 방향에서 시도해 보는 것도 좋다고 생각합니다.

5. 태도의 언어학적 분석(ATTITUDE)

   그러면 평가 이론 중에서 태도에 대한 간단한 개요를 설명하겠습니다. 사람의 태도(ATTITUDE)는 좋게, 긍정적으로 또는 나쁘게, 부정적으로 평가할 수 있는데 크게 세 가지로 분류됩니다. 다음의 [그림 2]가 바로 지금까지의 태도에 관련된 이론을 설명해 줍니다.

첫째, 우리는 사람의 행동을 판단하기(Judgement) 위해서 언어를 씁니다. 이 판단은 또한 다섯 가지로 더 세분화됩니다. 우리는 흔히 어떤 사람의 ① 능력이 있나, 없나(Capacity), ② 집념이 강하나, 약하나(Tenacity), ③ 이상한지, 정상인지(Normality), ④ 진실한지, 아닌지(Veracity), ⑤ 도의적, 윤리적(Propriety)으로 옳고 그른 행동(ethically right or wrong)을 평가하기(Evaluation or Assessment) 위해서 언어를 씁니다. 간단한 예로 "그는 정말 능력이 있어(He is very capable).", "그는 정말 바보야(He is so dumb).", "그는 정말 결기가 있어(He has strong grit).", "그는 정말 우유부단해(He is indecisive).", "그는 정말 좋은 사람이야(He is lovely).", "그는 정말 이상한 성격이야(He is so weird/eccentric).", "그는 사기꾼이야(He is a conman).", "그는 믿을 만해(He is reliable).", "그는 법 없어도 살 사람이야(He is a law-abiding person).", "그는 비열한 사람이야(He is so nasty/mean/unscrupulous)." 등이 있습니다.

Y 를 알면 영어의 답이 보인다!

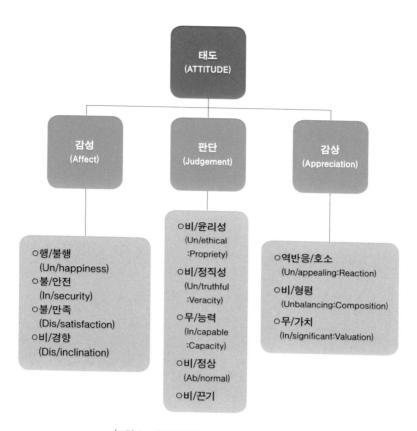

[그림 2 - 태도의 종류(Sub-system of ATTITUDE)]

둘째, 우리는 일상생활에서 우리의 감정이나 느낌을 표현하기위해서 언어를 씁니다. 이것을 감성(Affect)이라고 합니다.

감성도 네 가지로 분류할 수 있습니다. ① 행/불행(Un/happiness)입니다. 예를 들면 "기분이 좋아(I feel like jumping over the moon/very happy).", "정말 속상해(I am very upset)." ② 불/만족(Dis/satisfaction)입니다. "배불러. 더 이상 못 먹겠어(I am full. I can not eat anymore).", "피곤해. 완전히 나가떨어졌어(I am tired and completely flat out)." ③ 불/안전(In/security)입니다. "무서워(I feel scared/ freaked out).", "편안해(I feel comfortable)." ④ 경향, 소망/ 거리낌(Dis/inclination)입니다. "나는 정말로 영어를 배울 만반의 준비가 되어 있는데 그는 안 내켜 해(I am willing/ eager/keen to learn English, while he is very reluctant to do so)."

셋째, 사물(things)이나 물체(objects, entities), 일의 생산(prod-ucts) 진행(process) 상태 등을 긍정적이거나 부정적으로 평가하기 위해서도 언어를 씁니다. 이것을 감상(Apprecia-tion)이라고 합니다. 이 감상은 또다시 세 종류로 세분화 됩니다. ① 역반응(Reaction)입니다. "맛이 있거나 없다 (This food is yummy or yucky).", "영화가 재미있거나 지루 하다(The movie is fun or boring).", ② 조합 또는 평형 (Composition)입니다. 사물이나 일의 진행이 복잡한지, 간 단한지, 정렬한 것인지, 아닌지에 관해서입니다. "일이 점 점 복잡해진다(Things are getting complicated).", "네 일은 너무 엉성하다(Your work is so sloppy).", "그 이론은 비체 계적이다(The theory is un/systematic).", ③ 가치(Valuation) 입니다. 일이 의미심장한지, 가치가 있는지, 없는지에 관

Y 를 알면 영어의 답이 보인다!

해서입니다. "유학생들은 영어권 대학에서 공부를 성공적으로 마치기 위해 영작수업에 참여하는 것이 필수야(It is indispensible for international students to attend Study Support Programs).", "습관적으로 술을 마시면 결국 간에 나쁜 영향을 주어(Habitual drinking has an negative impact on your liver)."

한 가지 주목해야 할 점은 어떤 평가는 이들의 구분이 서로 중복되거나(Cross over) 명확하지 않을(Fuzzy) 수도 있다는 점입니다. 예를 들어서 "그 일은 성공적이야."에서 성공적인 것은 바로 사람의 능력을 말할 수도 있고 또 그 일 자체의 성공을 지칭하기도 합니다.

6. 태도의 예(Examples of ATTITUDE)

[그림 2]에서 보다시피 태도에도 세 가지 종류가 있습니다. 감성 (Affect), 사람의 행동 판단(Judgement) 그리고 사물을 평가(Appreciation)하는 것입니다. 이제 이 세 가지를 더 자세히 살펴봅시다.

1) 감정(AFFECT)

먼저 우리는 일상생활에서 우리의 감정이나 느낌을 부정적이거나 긍정적으로 표현하기 위해서 언어(영어)를 씁니다. 이것을 감정이라고 합니다. 감정도 네 가지 종류가 있습니다(Firstly, we use English in everyday life situations to express our **emotions and feelings either negatively or positively**. This is called **AFFECT**. **AFFECT** can be sub-classified into four dimensions).

(1) 행/불행(Un/happiness)

I felt like *jumping over the moon* when I heard the news that I got promoted(내가 승진했다는 뉴스를 들었을 때 나는 뛸 듯이 기뻤어). [여기서 'jump over the moon'은 긍정적인 아주 행복한 느낌을 표현합니다.]

I am *really looking forward to* attending my graduation ceremony(나는 내 졸업식에 참석하는 것을 너무 학수고대하고 있어요). [긍정적인 감정의 행복입니다.]

I *got crossed at* what has happened to me lately(최근에 나에게 일어난 일 때문에 속상했어). [부정적인 감정의 불행입니다.]

(2) 불/만족(Dis/satisfaction)

I am *full*. I cannot eat anymore(나는 배불러요. 더 이상 못 먹겠어요). [긍정적인 느낌의 만족입니다.]

I was *extremely* tired. I was *completely* *flat out*. So I *slept like a log* yesterday as soon as I went to bed(나는 너무 피곤했어. 나는 완전히 진이 빠졌어. 그래서 침대 눕자마자 완전히 나가떨어졌어). [부정적인 느낌의 불만입니다. 굉장히 피곤하여 기진맥진한 상태를 'flat out'이라 합니다.]

(3) 불/안전(In/security)

I feel *at home and comfortable* living in Sydney although the city is not my home town(나는 시드니가 내 고향은 아니지만 거기 사는 게 편안해요). [긍정적인 느낌의 안전감입니다.]

I feel *terrified* at the scene of a crime/an accident(나는 그 범죄 장면을 보고 겁을 집어먹었어). [부정적인 느낌의 불안전감입니다.]

I felt completely *freaked out* when I saw the incident(나는 그 사건을 보고 완전히 공포에 질려 버렸어).

Y 를 알면 영어의 답이 보인다!

(4) 비/경향(Dis/inclination)

This has to do with a '**potential future event**'. This is different from the three previous AFFECTs, as they involve 'reaction' to an event in **the present or past**(이것은 미래에 무엇을 하고 싶은 경향이 있나, 없나를 나타내는 느낌입니다. 그래서 앞의 세 개의 감정, 즉 현재나 과거에 대한 반응을 나타내는 것과 다릅니다).

I am *willing* to learn English, while my boy frined is *very reluctant* to do so(나는 기꺼이 영어를 배울 것입니다. 비록 내 남자친구는 내키지 않아 하지만요).

■ 다음 문장에서 이런 비/경향 표현을 '양보' 문장을 쓰면서 완성해 보세요.

Although the students *are eager to* engage in the activity,

_____.

Even though the students *are keen on* studying,

_____.

■ 다음 두 문장의 차이를 주의 깊게 보세요.

He *is anxious to* complete his studies as soon as possible(그는 되도록 빨리 공부를 마치고 싶어 해). [미래에 일어날 사건입니다.]

He is *anxious about* the exam result(그는 시험 결과에 대해서 걱정하고 있어). [현재의 불안전한 감정을 표현했습니다. 즉, 'worries about'과 같은 표현입니다.]

2) 판단(JUDGEMENT)

둘째, 우리가 영어를 쓰는 이유는 바로 다른 사람의 행동을 판단하기 위해서입니다. 판단할 때도 다섯 가지로 긍정적·부정적인 판단을 합니다. 자, 더 알아봅시다(Secondly, we use evaluative language in order to **judge people's behaviour**. JUDGEMENT can be made on the following five aspects of human behaviour).

(1) 비/윤리적(Un/ethical: Propriety)

It *is related to* whether a person is **ethical or unethical**(이것은 어떤 사람의 행동이 **윤리적이냐, 아니냐**에 관련되어 있습니다).

Y를 알면 영어의 답이 보인다!

He is a *reliable* person, because he always keeps his word(그는 믿을 만한 사람이에요. 약속을 지키니까요).

He is a *law-abiding* person, as he always observes/comply with the rules(그는 법대로 사는 사람이에요. 항상 법을 준수하지요).

It is not acceptable when you *cheat* in your exam(시험에서 부정을 저지르면 안 되지요).

(2) 비/정직(Un/truthful: Veracity)

It has to do with how the person **is truthful or honest**(어떤 사람이 **진실한지, 진실하지 않은지**에 관련됩니다).

As long as she acknowledges her mistakes, she is considered to be a very *honest* person(그녀가 실수를 인정하는 한 그녀는 정직한 사람으로 간주된다).

■ 연습해 봅시다.

He is a *conman*, because _____ (그는 사기꾼이에요. 왜냐하면…). [사기꾼을 'conman'이라고 합니다.]

He is out there to con/cheat on you. You get conned/cheated by him.

He is an *unscrupulous* man, because _____
(그는 비윤리적이고 양심도 없는 사람이에요. 왜냐하면…).

My supervisor is *sneaky* and *cunning*, because
_____(내 상사는 약삭빠르고 교활한 사람이에요. 왜냐하면…).

(3) 무/능력(In/capable: Capacity)

This underlines judging how the person is **capable**(이것은 어떤 사람이 **능력이 있나, 없나**를 판단하는 것입니다). ['involve' 다음에는 항상 'ing'형을 씁니다.]

He is very *capable of* playing the piano, because
_____(그는 피아노를 잘 칠 수 있습니다, 왜냐하면…).

He is so *dumb*, because _____(그는 머리가 둔해요. 왜냐하면…).

Y를 알면 영어의 답이 보인다!

(4) 비/정상(Ab/normal: Normality)

It *is concerned with* how **the person is usual or special**(이것은 **어떤 사람이 평범한지, 평범하지 않은지**를 판단하는 것입니다).

The girl is lovely but she is so *weird* sometimes.
Since he has an *eccentric* personality, he _____.

(5) 비/결단력(Un/determined: Tenacity)

This <u>involves judging</u> how **the person is persistent, determined or dependable**(이것은 얼마나 **끈질긴가, 결단력이 있는가**를 판단하는 것입니다).

While he is so *determined*, he is *wavering* sometimes(그는 결단력이 있는 것 같으면서도 때론 흔들려).

He is a *studious* student, but sometimes he is so *slack*(그는 열심히 공부하는 학생이나 때론 농땡이쳐). ['Slack'이라는 표현도 많이 쓰이는데 열심히 하지 않는 사람을 두고 하는 평가입니다. 예를 들어, "He need to full his weight(그는 조금 열심히 할 필요가 있어)." 등으로 쓰입니다.]

3) 사물 평가(APPRECIATION)

이번엔 사람의 행동 판단과 달리 사물이나 물체를 평가하는 것에 중점을 둡니다. 즉, 물체, 사물, 일의 진행, 물건 등을 긍정적 또는 부정적으로 판단하는 것을 말합니다. 이것을 '사물 평가'라고 합니다. 이것도 세 가지 유형으로 나뉩니다(This time, as opposed to judging people's behavior, it focuses on assessing things or entities. That is, English is used to **assess or appraise things, objects, entities, products and processes**, either positively or negatively. This is called **APPRECIATION**. APPRECIATION <u>is also divided into</u> three subcategories).

(1) 역/반응(Un/appealing: Reaction)

It <u>is associated with</u> whether or not **the thing grabs our attention or appeals to our emotion**(이 평가는 물건이 우리의 관심을 끄느냐 또는 우리의 감정에 얼마나 호소하느냐입니다).

This food was so *yummy* that I ate it all by myself. However, I do not like eating the bread, because it tastes *yucky*(이 음식은 너무 맛있어서 다 먹었어. 그러나 빵은 안 좋아해. 왜냐하면 맛이 없어).

Y 를 알면 영어의 답이 보인다!

While the movie is *entertaining, it is a bit brutal and gory*(그 영화는 재미있지만, 약간 잔인하고 포악해).

(2) 비/형평(Un/balancing: Composition)

It is <u>focused on</u> whether or not the things or processes **have balance or not and are simple or complicated**(이번 엔 일이나 상황 전개가 균형을 잡느냐 아니면 복잡해지느냐 혹은 간 단하느냐를 평가하는 것입니다).

Things are getting *complicated*, because _____ (일이 복잡해지네요. 왜냐하면…).

Student's writing is too *lengthy and wordy*. So I cannot understand it(학생들의 쓰기는 너무 길고 장황해요. 그래서 이해 할 수 없네요).

The discussions were on *an ad hoc basis*, so it rather confused me(그 토론은 중구난방이 되어 나를 혼동하게 만들었 어요).

(3) 무/가치(In/significant: Valuation)

<u>It has to do with</u> whether or not the thing **has social significance or worth**(일이 사회적 가치를 수반하는가, 그렇지 않은가에 관심이 있죠).

In order to get a descent job in South Korea, it is vitally *important* to <u>have a good command</u> of English(한국에서 일을 찾기 위해서는 영어를 잘하는 게 제일 중요해).

It is crucially *essential* to speak English fluently to get a good job(좋은 직장을 갖기 위해서는 영어를 유창하게 말하는 것이 필수야).

Too much use of detergent is harmful to the environment, because <u>it has a *detrimental* effect on</u> waterways, plants and animals(세제를 너무 많이 쓰면 환경에 해롭죠. 왜냐하면 그것이 동식물에 유해를 끼치기 때문이죠).

복잡한 것 같아도 사실 자세히 읽어보면 아주 체계적이고 재미있는 이론이라고 생각합니다. 문법은 이런 의미를 전달하다 보면 저절로 따라오죠. 주로 형용사, 명사, 부사 등의 문법이 평가하는 재료로 쓰이는 것을 보았을 거라고 생각합니다. 이 세 가지 평가

Y를 알면 영어의 답이 보인다!

들이 모두 우리의 태도를 주관적으로 표시하는 데 기여합니다.

자, 이제 이 태도를 보이는 데 관련된 두 가지 원리를 정리해 보겠습니다.

첫째, 모든 태도의 아이템이 긍정이나 부정적인 평가에 속합니다(Positive vs. Negative evaluation).

둘째, 평가는 직설적으로 또는 간접적으로 할 수 있습니다(Explicit vs. Implicit evaluation).

그다음으로는 평가의 상대가 사람인지, 사물인지 구별이 안 되고 모호할 때가 있습니다. 즉, "수고했어. 일 잘했어."라고 말할 때, 그 사람의 능력을 말하는 것인지 일 자체를 평가하는 것인지 모호합니다. 그리고 이 세 가지 종류가 중복되는 것도 있습니다. 어떤 사람이 짜증을 낼 때는 행동을 말하기도 하고 감정을 나타내기도 합니다.

후문
(Epilogue)

1. 신숙희 박사 저서

1) 저널 페이퍼(Journal Papers)

Lee, S. H. (in press)	Use of claim resources by undergraduate students in persuasive essays: focusing on the interplay between Averral and Attribution. *International Journal of TESOL Studies.*
Lee, S. H. (2017)	Use of implicit intertextuality by undergraduate students: Focusing on Monogloss in argumentative essays. *Journal of Linguistics and Humans Sciences*, 13 (1-2), 150-178. DOI: org/10.1558/lhs. 30651.
Lee, S. H. (2015)	Evaluative stances by undergraduate students: Focusing on Appreciation resources. *Journal of Text and Talk*, 35 (1), 49-76. DOI: 10.1515/text-2014-0029
Lee, S. H. (2014)	Argument structure as an interactive resource by undergraduate students. *Journal of Linguistics and the Human Sciences*, 9(3), 277–306 DOI: 10.1558/lhs. v9i3.277
Lee, S. H. (2013)	An evaluation on a team teaching by university students and lecturers in Australia. *Journal of Language Teaching and Research*, 4(5), 914-923.
Lee, S. H. (2010a)	Differences in the use of appraisal resources between L1 and L2 writers: Focusing on GRADUATION system. *Journal of Issues in Intercultural Communication*, 3 (1), 22-47.

Lee, S. H. (2010b)	Attribution in high-and low-graded persuasive essays by tertiary students. *Journal of Functions of Language.* 17(2), 181-206. DOI: 10.1075/fol.17.2.02lee
Lee, S. H. (2010c).	Command strategy by balancing authority and respect by undergraduate students. *Journal of English for Academic Purposes.* 9(1), 61-75. DOI: 10.1016/j.jeap.2009.11.001
Lee, S. H. (2008a).	An integrative framework for the analyses of argumentative/persuasive essays from an interpersonal perspective. *Journal of Text and Talk*, 28(2), pp. 239-270. DOI: 10.1515/TEXT.2008.011.
Lee, S. H. (2008b)	Attitude in undergraduate persuasive essays. *Journal of Prospect*, 23(3), 43-58.
Lee, S. H. (2007)	An application of multiple coding for the analysis of ATTITUDE in an academic argument. *Journal of Linguistics and the Human Sciences*, 3(2), 165-190. DOI: 10.1588/lhs.v3i2.165.

2) 책과 박사논문(Books and PhD thesis)

Lee, S. H. (2014a).	Principles and practices of oral communication: Appraisal theory and its application to casual conversation. Cranmore Publication, UK.
Lee, S. H. (2014b).	Evaluations ending with 'Y': SFL appraisal theory and its application to casual conversation. Cranmore Publication, UK.
Lee, S. H. (2008).	The use of interpersonal resources in argumentative/ persuasive essays: Cross-cultural and grade-based differences between ESL and Australian tertiary students. VDM Verlag Dr Müller, Saarbrücken, Germany.
Lee, S. H. (2006). PhD Thesis	The use of interpersonal resources in argumentative/persuasive essays by tertiary students. Unpublished PhD thesis, University of Sydney, Australia.

Y 를 알면 영어의 답이 보인다!

2. 작가 연보

한지 신숙희(Sook Hee/Susan LEE)

1) 출생
부산 대저 출생

2) 학력
○ 부산대학교 화학 교육학 졸업

○ 부산대학교 교육심리학 석사

○ 호주 울런공대학교 대학원 영어 교육학 석사(44세)

○ 호주 시드니대학교 영어 교육학(TESOL) 박사(48세)

3) 경력

- 현재 호주 시드니 소재 페드레이션대학(Federation University at IIBIT:International Institute of Business and Information Technology, Sydney, Australia)에서 석사 학생들에게 소통과 연구(Professional Research and Communication) 과목과 EAP(English for Academic Purposes)라는 영작 코스를 가르치는 강사로 일하고 있음.

- 호주 시드니 소재 차알스 스튜터(Charles Sturt University Study Center in Sydney)에서 세계 60개국에서 온 학사, 석사 학생들과 호주 본토 학생들의 영작을 가르치는 어드바이즈(Study Support Coordinator) 및 전임 교수(Adjunct Senior Lecturer)로 10년 동안 일했음.

- 시드니 Lloyds College IELTS 강사(49세)

- 시드니 Embassy Language Centre EAP 강사(50세)

4) 약력

- 한국인 최초로 '체계 기능 영어(Systemic Functional Linguistics, SFL)' 분야에서 '평가 이론(Appraisal theory)'으로 시드니대학교에서 박사학위를 받았다. 그 뒤 박사학위 논문을 바탕으로 영국, 미국, 호주, 홍콩 등 세계 유명 저널에 독자로 세계 최다 페이퍼 발표(논문에 대한 자세한 정보는 susanshin.wordpress.com 참조).

- SFL에서 개발된 최신 이론인 평가 이론을 세계 최초로 아

Y 를 알면 영어의 답이 보인다!

카데믹 영작(Academic Literacy and Integrity) 분야에 적용하여 이 분야에서 세계 최고 두 학자 중 한 사람으로 인정받음.

○ 다음의 다섯 저널의 심사위원으로 위촉되어 국제 저널 논문 심사를 하고 있음.

- 『Association for Academic Language and Learning(AALL)』
- 『Journal of US-China Foreign Language and Sino-US English Teaching and TESOL Journal』
- 『A Sister Journal to Asian EFL Journal』
- 『International Journal of TESOL Studies』
- 『Journal of English for Academic Purposes』

○ SFL 관련 호주대학 박사학위 논문 심사위원으로 위촉되어 호주대학 박사학위논문을 심사했음.

○ 호주 교민 신문 『탑』지 교육 담당 칼럼니스트.

○ 2016년 1월 『오지에 핀 들꽃이 되어』 출간.

○ 2017년 2월 부산 〈아침마당〉 출연.

○ 2018년 『문학바탕』 수필가로 등단.

○ 2019년 10월 KBS 〈한민족 하나로〉 프로그램 출연.

5) 연락처

이메일: sook09@hotmail.com

웹페이지: http://www.susanshin.wordpress.com

3. 'Y'로 끝나는 현지 영어 테스트 정답

She is a very **bossy** woman.	설치는/대장질하려는
My neighbour tends to be **snobby**. They do not like to mix with people from other backgrounds.	콧대 높은
My 5-year-old boy is very **fussy**. He does not eat any vegetables.	야단법석 떠는
My husband is a very **finicky** person, while I am quite **laidback**.	까탈스러운
He's got a **quirky** sense of humour. Not everyone finds his jokes funny.	이상한
Children usually get very **cranky** when they are not fed.	짜증 내는
He is very **grumpy** today for some reason.	불퉁하게 불만이 많은
She is very **stingy**. She only gave me a card for my birthday.	인색한
He is such a **jolly** guy.	명랑한
That mechanic is pretty **dodgy**.	속임수를 쓰는
She is very **nasty**. So everyone hates her.	고약한
He looks so **nerdy** with those thick glasses he wears.	공붓벌레같이 보이는

Y 를 알면 영어의 답이 보인다!

There are all these **brainy** people at university.	머리가 좋은
She usually wears **tacky** clothes.	촌스러운
When the alarm bell rings, don't get all **panicky**.	놀라는
There are some pretty **freaky** people on Oxford Street on a Saturday night.	공포에 떠는
It is very **fiddly** to make this kind of jewellery. You need very steady hands.	자잘하게 신경 써야 하는